做一个
老练的新班主任

丛书主编·陈秋中
本册主编·熊华生

中国人民大学出版社
·北京·

目录 | Contents

下编 · 成为一个优秀的班主任

丛书序言

　　班主任工作是一项专业性、实践性、艺术性很强的工作，具有情境性、复杂性和不可预见性。班主任的工作情境非常复杂，班级管理的对象是充满个性差异的活生生的人，班主任要对班级实施有效的管理，不仅需要自身人格的魅力，以心育心，以德育德，以人格育人格，更需要丰富的实践智慧和专业能力。在激烈变革的现实生活中，面对纷至沓来的各种新的情境、新的问题与新的挑战，每个班主任都要持续不断地做出各种专业行动的判断和决策。班主任决策是一个极其复杂的过程，为了对学生的终身发展负责，为了尽可能将问题解决的负面影响控制到最小，我们遇事绝不能凭一时冲动随意处置，也不能仅凭以往的经验简单处理。这要求我们透过复杂的问题和现象，学会"专业化地思考和决策"（教育专家周卫语）。

　　如果每一个新任班主任事事都要去亲历亲为，那么等到他们的经验与智慧成熟时，差不多也到了该退休的时候了。如何使青年班主任能在较短时间内成长为优秀班主任，是一项重要的使命。

　　《班主任之友》就是完成这项使命的一个平台。2014 年 11 月，班主任之友杂志社庆祝了她的 30 岁生日。自 1984 年创刊以来，《班主任之友》汇集了全国众多优秀班主任和班级管理理论工作者，倡导一种民主、平等、开放、多元、合作、共享的文化，对班主任工作众多领域进行了研讨，积累、开发班主任群体的实践智慧，形成了具有实用性的理论框架。从 2008 年起，《班主任之友》策划、组织专题研究，从纵深方向系统、全面地开展一个一个课题式研究，将班级管理中的小问题做成大学问。2011 年第 7、第 8 期合刊，以"班主任专业发展"为主题展开：从班主任专业发展的理论内涵解析，到专业化发展的个案经验示范，再到班主任专业化成长的实践路径解读，全面而系统地探讨了班主任专业发展方方面面的问题。其后，2012 年第 1、第 2 期合刊，研究、编写了"班级应急手册"，对班级工作中可能遭遇的各种紧急情况与预防、应对措施做了全方位的研究。2013 年第 1、第 2 期合刊，以"班主任与家长"为主题，研究了愈趋复杂的社会背景、家庭构成下的家校合作的模式及实践，等等。这些年来，《班主任之友》与全国一些优秀班主任反复交流，精心打磨，每一个专题都凝聚了众人的心血与智慧。专题研讨推出后一直受到广大读者的肯定和喜爱，认为它有助于班主任形成"专业化地思考和决策"。

源创图书的策划人吴法源先生看了这些合刊，希望把一些专题出版为一套丛书。为了便于读者阅读，源创图书的张万珠先生对这些专题进行了再一次编辑和加工，根据需要添加了许多内容，部分标题也做了修改，有的专题改动还比较大。

《班主任之友》丛书一共五本：《做一个老练的新班主任》《班主任应急手册》《做一个家长喜欢的班主任》《班主任专业成长读本》《感谢那些"折磨"我的学生——教师如何应对问题学生》。从新班主任入门到班主任专业成长，从接受来自问题学生的挑战到面对不同背景、不同个性的家长，从执行班级日常常规到处理班级突发紧急事件，每一个选题，既有教育理论工作者的研究视角，又有众多优秀一线班主任的实践体验。

《做一个老练的新班主任》是一本特别为青年班主任准备的拿"班照"的导航手册，探讨青年班主任如何少犯错误，走正道，一开始就专业地做班主任。涉及的主题有怎样才能顺利接好一个新班、怎样排座位才能大家都满意、怎样安排卫生值日最合理、怎样制定班规最有效、好的班干部是怎样炼成的、良好的班风从哪里来、怎样沟通效果才好、第一次班级讲话怎样才能成功等。

《班主任应急手册》是一本专门为班主任准备的应急指南。手册集中探讨了学生出走、意外伤害、校园暴力、班级偷窃、自伤自杀等五种突发事件类型，有针对性地提出对策和方法，并辅以生动、鲜活的案例。本书最后，我们还总结了应对班级突发事件的一般性策略，便于班主任举一反三，应对纷繁、复杂的班级管理现状。

《做一个家长喜欢的班主任》告诉我们：无论是什么样的家长，都是爱孩子的，班主任只要把握好关爱孩子这个节点，和家长无论有怎样的分歧，最后应该都能达成理解和共识。"非常"妈妈、"特别"祖父母、强势或弱势家长、"80 后"家长，虽然他们中有的人教育方法不一定正确，但都他们希望自家的孩子成人、成才。只要老师真心爱孩子，真诚沟通，家校之间就没有鸿沟，有的是友谊的彩桥。

《班主任专业成长读本》在框架结构上遵循理论指导实践的原则，从班主任专业化的内涵、阶段、途径、平台、目标等方面进行阐述。班主任工作需要深入日常生活、学习的细节中去，班主任的知识是情境知识，班主任的智慧是实践智慧，班主任需要在听中学，在读中学，在看中学，在做中学，既需要实践的磨炼，又需要案例的积累。通过问题探究、现场诊断、情境体验、学习反思等方式不断加强班主任解决问题的能力，这是一个真正的学习过程，是一个提高班主任专业发展意识的过程。

《感谢那些"折磨"我的学生——教师如何应对问题学生》在详细列出问题学生的种种类型，诸如学困、早恋、网瘾、纪律涣散等类型的同时，更加重视教师对每一种类型问题学生进行转化中所应采取的具体方法、分析、步骤，以及可能出现的问题等。这些实践智慧，全部来自数十位一线优秀班主任和名师，以及教育学、心理学方面的著名学者。

30 年来，班主任工作，从前十年强调"爱心与奉献"的"推动精神文明建设的重要力量"，到 20 世纪 90 年代中期开始彰显"民主与科学"的班级管理新理念和新探索在全国校园遍地开花，再到近十年来，以"自主与专业"为鲜明坐标，班主任群体职业自觉和专业发展方兴未艾、生机勃勃，始终浸润着时代的气息，越来越贴近教育的本真。班主任群体在引导和推动社会及人的发展上越来越体现出自身独特的价值；道路，也越走越宽阔。

期待本套丛书，这些对教育现场的深度诊断、科学破解，能激起班主任"专业化"自己的信心！

丛书主编 陈秋中

2014 年 12 月

上 编
一开始就专业地做班主任

　　班级管理是一门科学，涉及很多专业知识和专门技艺。新班主任掌握一些关键的工作技巧，有助于你轻松进入角色，让你的班级早日走上正轨。

第一章　怎样才能顺利接好一个新班

班主任工作复杂而烦琐，作为一名新班主任，新学期来临必然面临很多问题。开学前要做好哪些准备？开学时应该注意哪些细节？开学后如何做才能使班级迅速步入正轨？……

下面的新班开学流程表，可以让你从容应对新学期。

一、开学前一个月

（一）深入访谈，促进了解

要点1：一个温馨的电话

班主任拨通电话后，首先自报家门，表达自己的诚意，可以简单问问孩子的情况，如性格、爱好、特长等，最后表示感谢与愿望。在电话中语速不要过快，过快会给家长一种慌慌张张的印象，让家长安全感不足。

［附：电话内容举例］

您好，请问是××同学的家吗？家长，您好，很高兴和您电话沟通。我是×××老师，是您孩子新学年的班主任。非常有缘我们将陪孩子一起开启新的学习生活。您的孩子平时有什么爱好和特长？……感谢您详细的介绍，我将随时协同您解决在孩子教育当中遇到的问题。咱们开学见！

要点2：一次周详的查档记录

学校在新生入学登记时，常常会请家长填写一张内容详细的学籍卡，上面的许多信息会帮助你了解学生。可以从学籍室或者家长服务中心借取相关资料阅读，同时记下学生的特殊情况，例如单亲家庭、留守儿童等，以便日后给予关照。

要点3："一次深入的"老班"访谈

如果中途接班，一定要想办法和原班主任进行一次深入访谈，而且应该是促膝长谈。因为每位认真班主任都会对自己的学生了如指掌，性格急躁或温文尔雅，多才多艺或闷不作声，甚至每个孩子的家庭情况，"老班"都已烂熟于心。唯独要提醒的是，许多"老班"在介绍学生情况的同时，也难免会传递一些令人不安的信息，如哪个孩子特别讨厌，难以管教。不要因此给孩子贴标签，更不必因这些印象毁掉想在你面前精彩亮相的孩子。

要点4：一张细致的调查表

提前设计一张细致的调查表，待开学后首次家长会上请家长详细填写，也是短时间内迅速了解大多数学生基本情况的好办法。

［附：入学调查表］

亲爱的家长朋友：

您好！

我是你们孩子的新班主任×××。因为有缘，我将和你们一起携手走过。祝愿我们合作愉快，共同为孩子的健康成长付出努力！

请您认真填写以下表格，以便我深入了解您的孩子。

入学调查表

宝贝姓名		性别		身份证号	
出生日期		爱好		注射疫苗	是　　否
特　　长		民族		饮食习惯	
称　　谓	姓名	职业	联系方式	单位地址	可为班级提供的协助
父　　亲					
母　　亲					
E-mail			邮　　编		
紧急联络人			紧急联络电话		
家庭地址					
所属派出所					
对宝贝的客观评价					
宝贝需要进步的方向					
需要特殊照顾的地方	□有　□无　具体说明：				
您希望对宝贝	□严加管教　□采取民主作风				
写给老师的心里话					

备注：

1. 对孩子的客观评价：是对孩子的性格、特长、爱好等情况进行详尽的描述，有助于老师及时了解学生，给予相应的发展空间。

2. 孩子需要进步的方向：如挑食、偏执等。如实填写会让老师的教育更具有针对性，老师是不会对任何同学有偏见的。

3. 需要特殊照顾的地方：如胆小、近视等。不妨写出来，以便老师给予孩子更周到的照顾。

（二）理清思路，拟订计划

前期多种形式的调研，为新班主任把握班级的学情提供了重要支持。在此基础上初步拟订班级工作计划，主要写出以下四个方向即可。

要点 1：常规工作如何做

对于新班主任来说，建立秩序，保证教学工作的顺利进行是第一要务。为把常规工作落到实处，采取怎样的策略跟进，是应当首先思考的问题。一定要做切实的班情分析，根据学生的年龄、性格及其他因素来分析班级情况，思考与之对应的工作策略，结合学校当前的工作方向，确定自己的班级工作目标。

要点 2：特色工作做什么

不仅要思索当前常规工作的方向，还要明确特色工作。应发挥自己的特长，借助可利用的社会资源，放眼学生的长远发展，拟订自己的特色工作方向。例如，家校联谊活动、城乡统筹手拉手活动、"童眼看世界"摄影比赛等。切记：无论怎样的活动，最终目的是促进学生的身心健康发展。

要点 3：梳理工作更清晰

理清每周、每月工作计划，能让新班主任在开学时对学期全局增强掌控感。如，九月班会主题规划（见下表）。

九月班会主题规划

九月班会主题	第一周	"我的快乐暑假生活"展示会
	第二周	"今天我做主，老师您休息"教师节互换角色活动
	第三周	制作主题手工墙报（第一学月）
	第四周	"我爱你，中国"主题班会

要点 4：拓展资料添便利

学校日常工作事务性的内容较多，所以在拟订班级工作计划的时候，可以搜索班级活动的相关资料，做成资料袋，如中秋节的来历、风俗习惯等，充分的准备会为平时的工作增添便利。

此外，综合前面的访谈结果，为每位学生建立一份档案，常常阅读，可以帮你更快、更好地熟悉学生情况，进一步采取有针对性的措施。

二、开学前一星期

（一）列出清单，配齐用品

工欲善其事，必先利其器。带上本子，到邻班有经验的班主任那里，一一记录教室内必备的常用物品，并到学校后勤部门领取，及时将工具领到位，清洁等工作才能顺利开展。

［附：常用物品清单］
黑板擦一个，白粉笔一盒，彩色粉笔一盒，扫帚、拖把，红黑笔芯数根，套装尺子，教学用书……

（二）自主创新，美化教室

清洁、美观是教室布置的基本目标。绿色的盆栽是最简单有效的装饰点缀；黑板上的欢迎图画是最温馨的情感表达；文化墙上虚位以待的作品展示空间，是最值得期待的园地。

要点 1：清洁到位，清除死角

抽屉里的角落、电灯槽内、教室门上方的横栏、窗玻璃的角落，都是最常见的卫生死角。关注这些细节，教室清洁会更到位。

要点2：摆放到位，注重规范

首先，将课程表、收费公示表、报到流程等在教室显眼的地方张贴出来，可以省去重复回答类似问题的时间。其次，将教室必备物品正确归位。例如，粉笔盒、黑板擦、磁性贴等物品，在讲桌上放置整齐，套装尺子挂在教室一角，扫帚、拖把、垃圾篓整齐堆放在教室后面。

要点3：点点温馨，传递情感

黑板上的欢迎辞，是展现班主任形象的重要窗口。用娃娃体写上"欢迎你，新同学"，勾勒出学生笑脸的简笔画，气球和鲜花作为常规的装饰图案，甚至还可以绘制一张班级团队（含语文、数学、英语等任课教师）的集体名片，提供各科教师姓名、特长、电话等基本信息，这是拉近师生距离的有效方法。还可以设计班级文化墙的栏目，预留出展示孩子作品的空间，让孩子进教室后自然产生对新学期的新期待。

三、开学报到

（一）报名收费，分发书本

要点1：解释清，要公示

随着时代的发展，很多学校已经采用了主要费用刷卡的形式，但有些项目仍需班主任代收费。收费项目多少钱，将怎么用，是否有自由选择的余地，都要给家长做清楚的说明，并在教室门口处张贴公示。

要点2：请搭档，来协助

报到当日，因为事务繁杂班主任常感分身乏术。为此，可提前邀请自己的科任搭档或热心的家长，协助完成收费。腾出一块专门的区域，准备好发票、记录本、零钱和验钞机。

要点 3：慢一点，多复查

少一本课本，少收 50 元钱……这些小问题常常会扰乱人一天的心情，甚至于因为一步出错，导致步步手忙脚乱。特别提醒新班主任们，在这个环节，慢一点儿，准一点儿，千万不要单纯求快。

（二）收集作业，反馈信息

如果不是一年级的新班主任，收集、整理学生的暑假生活情况，进行展览和评比，是学生报到之后的必做工作。暑假作业或社会实践活动的完成情况，是学生学习状态的缩影，不要草草一收了之。应花时间仔细阅读，记录学生作业的完成情况，例如书写情况、是否有家长批阅、完成状况、特色呈现，你会发现这也是一扇了解学生的窗口。

将作业中呈现的学生暑假生活及时在班内分享，可以化解学生对新学期的抵触情绪，在快乐交流中开启新的学习生活。如果能给学生作业冠以数类有趣的奖项进行评价，不失为从一开始就抓住孩子心思的好办法。

（三）注意细节，举止得当

报到当天是班主任与家长和学生的第一次见面，为了给家长和学生留下好的印象，班主任要注意哪些细节？

要点 1：关注外表和着装

大方的着装会让家长产生信任感。教师可以在工作间隙主动与家长攀谈，拉近距离。家长能够接受你，就会支持你，从而为日后顺利开展工作做良好的铺垫。

要点 2：留神你的仪态

要记住用目光与家长进行接触，说话的时候，语言要亲切、幽默、有趣，有活力且富于变化。话语亲切，可以拉近你和家长的心理距离；语言有活力，即表现出你的信心和热情以及对自己所负责任的自豪，可以让家长知道他们的孩子是在一个负责任的好教师的班级里；幽默可以让你和家长轻松交谈，活跃气氛，但尽量不要开玩笑。此外，讲话时还要注意不时变化语调、语速。

如果对家长直言："这是我教第一年××课，我会努力。"只会让他们更加忧虑，甚至怀疑你的能力。你一定要自信满满，因为你拥有的优势不容置疑：大学毕业，知识结构非常新，可以与时俱进；年龄和孩子们的差距小，可以更好地交流和沟通，做孩子们真正的朋友……

四、开学当天

（一）开学第一课，注重常规

开学第一课，是班主任在学生面前的正式亮相。要张弛有度，将轻松的师生互动与认真的常规训导相结合。

要点1：师生互动多样化

不妨为自己设计一种幽默的自我介绍方式。例如，开学第一课，我手中拿一个棒棒糖，请学生据此猜我的姓氏。学生兴趣盎然，有的猜姓"林"，有的猜姓"唐"，有的猜姓"田"。一时间教室里笑声不断。同样，你也可以设计多样的形式让学生自我介绍，来互相认识，以期及时建立和谐的师生关系。

要点2：常规训导不可少

新生的第一课，甚至第一天上午的课，要多花些时间用在常规训导上，以便让学生有正式开始学习生活的思想准备，从而理顺基本教学秩序。刚入校的学生需要了解学校的基本要求，强化开学意识。其他年级的班主任也应重申班规，明确基本的纪律要求，为形成基本教学秩序提供保障。

要点3：特色作业及时荐

拿出报到当日收集的学生暑假作业，通过特色推荐来认识学生，同时还可以给学生树立身边学习的榜样。

要点4：激励班规初步建

结合学生的年龄，设计班级激励机制，即激励性班规。例如，红、黄、绿三灯机制，共同商讨班级中有关纪律、学习生活等主要方向的基本要求，列出哪些属于红灯禁止行为；公布或者共同商讨学习生活中相应的激励机制，列出哪些属于绿灯通行行为。共同商讨并不意味着老师把决定权完全交给学生。激励班规机制要提前思考，合理建立，一定要找准学生的兴趣点，共同约定，共同遵守，从而发挥班规的约束和促进作用。

（二）悉心观察，精选班干

新班主任刚刚上岗，选班干时，暂时以择优选拔为主，要注意用人所长。认真负责的同学适合做学习委员；多才多艺、歌声婉转的同学适合做文娱委员；擅长运动的同学适合当体育委员……根据学生特长来选派班干部，更容易尽快形成协助你的工作力量。

要点1：悉心观察

学生进入班级后，要有意识地去寻找适合做班干部的苗子。在校园生活中，表现活跃、语言表达能力强的学生常常会成为班干部的第一批人选。你可以通过查阅学生档案，与原班主任或学生家长交流等途径，初步确定若干名学生干部，负责班级各项工作。接着，组织班级活动（如新学期见面会、搬运新书、布置文化墙等），让所有学生都有充分发挥特长、为班级服务的机会，从中发现那些关心集体、团结同学、积极热情、办事认真，有一定组织能力和特长的学生。

要点2：选举任命

①强制执行。新学期之初，学生之间还没有太多了解，就需要你来指定班干，让他们以试用的形式来展开工作。要指定班里比较有影响的学生。指定之后，要继续给予关注和支持，既要放权给班干部，更要在他们行使管理权力的试用期，及时给予支持和鼓励。

②民主选举。如果班上的学生相互之间比较熟悉，可以民主选举。师生举荐后，经过民主程序选出学生干部。这时，你仍需根据每位班干部的特点及特长，给他们分配适当的工作，并在工作方法上具体指导。

（三）综合考虑，巧排座位

新生开学，给学生重排座位不可避免，如何编排，怎样搭配，也是一门艺术。

要点1："绝对的高低个+视力照顾生"左右循环

开学之初，尽早让学生们按个子高低排成一队站直，然后两两牵手从第一排第一桌开始坐起。唯一可以开绿灯的就是近视的同学。在此之前需要先调查哪些同学近视。对于这类学生，在排位置之后做适当调动，以示必要的关怀。要定期对座位左右循环进行调动，因为学生在青少年时期，视力尚未定型。座位左右循环对眼睛是必要的保护。

要点2：前后循环

低年龄的学生如果在个头上没有太大的差距，你还可以安排全班同学按前后顺序循环坐。例如1—3排前后循环、4—6排前后循环，学生在相近范围内也可适度调动座位。

要点 3：适时调换

一段时间过去后，开学初排的位置会暴露出一些问题，有的学生开始形成小群体纪律不安定，有的同学开始不团结。对此，应适时调换座位，借助不同的学生力量来实现均衡的组合。①借助成绩优异同学的力量来帮扶学困生。②借助性格外向同学的力量来引导内向的学生。③借助班干部的力量来约束调皮的学生。我们班的学生人数一般比较多，所以我推荐的学生座位搭配方式多为互补型，以优带慢、以强带弱，希望可以通过座位的管理，促进班级学习氛围的形成。

五、开学第一个月

（一）基本职责，尽快熟悉

开学了，班主任每天的工作中有很多事项是基本的岗位职责。入职之初最容易丢东忘西，漏掉很多需要每日关注的事项。在基本教学秩序尚未稳定时，多到现场看看，有助于发现很多问题并及时解决。

要点：阅读熟悉"班主任一日作息时间表"，在将其内化为工作习惯的同时，尽力养成 3 个习惯。①提早五分钟到校的习惯。②勤去班上转转的习惯。③重要环节及时到位的习惯。

班主任一日作息时间表

节次	我的职责	工作要点
晨检	清查人数 组织晨读	督促班干及时开始当日管理；检查学生出勤及值日工作；布置当天的班级活动，组织学生晨读
上午课间	关注课间	重点关注学生安全，不追跑喧哗

节次	我的职责	工作要点
上午大课间	跟班出操	关注路队是否整齐，做操认真，快、静、齐
中午	总结情况 组织放学 安排午休	上午放学前，关注班级课堂常规记录表，向科任老师了解上课情况，及时处理上午发生的情况，下午若有活动安排及课程变动，及时通知学生，组织学生中午放学；中午关注午间活动安全，组织学生午休，注意午休纪律
下午课前	清查人数	了解午休纪律情况及学生出席情况
下午眼操	关注眼操	监督学生认真做眼保健操
下午放学	总结情况 组织放学	对当天的班级情况进行总结；根据学校安排及时下发各种通知，并提出相应要求；督促值日生做好教室清洁，组织学生按时、有序放学
晚自习	清查人数 组织自习	检查班级卫生，了解学生出席情况；组织班干部管理好自习纪律，并随时巡查
查寝	巡查就寝情况 清点住宿人数	检查住宿学生就寝情况，清点住宿生人数；发现问题及时处理并报告当晚值班人员
处理突发事件	随时巡查，发现问题及时解决	关注学生的身体状况和精神状况，发现异常要及时处理，若有学生身体不适，要注意安抚，并根据情况及时送医，同时通知家长
放学后	记录反思	记录一日班级工作反思，总结经验教训

(二) 有序分工，落实清洁

要点1：卫生任务，人人有份

建议你仔细梳理教室卫生的打扫任务，根据小组的人数把任务分为若干份,列一个表格,避免遗漏。

教室卫生分工表

组　号	任　务	组　号	任　务
1—1	打扫①②小组卫生	2—1	打扫③④小组卫生
1—2	打扫⑤⑥小组卫生	2—2	打扫⑦⑧小组卫生
1—3	收拾讲桌、摆桌子	2—3	收拾图书角
1—4	擦黑板	2—4	倒垃圾
1—5	拖地	2—5	拖地

安排时要注意一些技巧:打扫卫生难度不大,安排前排个头比较小的学生;收拾图书角等任务,一般多安排细心的女生来做;倒垃圾、拖地等力气活儿,请身强力壮的大个头男生来完成……保证人人有事做,事事有人做,并努力做到分工均衡。

要点2:加强检查,及时提醒

分配卫生任务后,还需要寻找一位细心、认真的学生授"大权"给他,适当减免该学生的任务,保证他有足够的时间进行管理,并细致检查。

要点3:指导方法,制定标准

想让班级干干净净,你需要在最初对全班学生进行专门培训,给出卫生任务达标标准。例如,摆桌子,横看一条线,竖看对整齐;擦黑板,不可白茫茫一片;拖地,不可有积水、泥迹。

要点4:拔掉"钉子",清理死角

每个班上总会有几个学生,卫生习惯比较糟糕,导致班上的"小垃圾堆"层出不穷。拔掉钉子户,可不是一件容易的事情。可先寻找最为脏、乱、差的区域,观察来源,再同相关学生单独谈话提醒,提出改变的方案,并指派同桌监督、提醒或者帮扶。

要点 5：快人一步，提前检查

只布置不检查，等到学校扣了分，才气愤地去指责学生，不是理智的举动。既有督导又有及时检查，快人一步，安排学生或者亲力亲为加强抽查，是使班级卫生保持清洁的必要手段。

(三) 晨 (午) 会时，促进沟通

入职初期，班级内有很多需要解决的小事。占用上课时间专门处理，难免太浪费时间。建议你确定一段固定的时间，让自己的教育管理课程化。设定专门的晨（午）会时间，你会发现解决这些困惑并不难。那么，用这几分钟做什么呢？

要点 1：及时发现学生的亮点

班主任要有一双善于观察的眼睛，及时发现学生表现中的亮点，在晨（午）会时间及时宣布。这对表现出色的同学是即时性激励，对全班同学又是引导和促进。班主任要善于在班级经营中不断发现榜样，树立榜样，鼓励学生做榜样，逐步引导学生提高自制力和自觉性。

要点 2：清除班级生活隐患

出现安全事故，只要细细寻找，一定会发现之前有很多蛛丝马迹。因此，发现学生情绪躁动、追逐打闹、情绪低落、用眼习惯差等情况，班主任要给予足够的重视，在心里设置预警信号，在晨（午）会上将这些问题一一化解。例如，学生××把一个同学打得头破血流，暴怒过后，我冷静回想，才发现其实在之前的一两周里，就不断有学生告他的状，而我只采用了堵漏的办法。虽然对他进行了批评教育，却没有给予足够的重视。

要点 3：进行热点问题讨论

晨（午）会还给了学生讨论热点问题的机会。随着年龄的增长，学生

会不断产生新问题。例如，星座是命运测试还是娱乐？学生可以穿露背装吗？打游戏对学生有没有害处？……这些问题，在学生当中通常已经有很多讨论，在老师的调控下，可以利用学生中的正面力量来消解负面力量。

（四）家长会前，精心准备

要点1：筹备文稿

通常要写发言稿。一般包含以下内容。①欢迎辞和自我介绍。对家长能在百忙之中抽空到校表示感谢，简述个人经历、专业特长、工作优势等，以使家长形成初步的信任感。②符合年段特点的班级工作内容介绍。对学生表现出的发展点和发扬点要适当展开阐述，对班级出现的问题不要避讳，直接讲出来，可以争取家长的支持。③传递作为班主任对教育工作的理念。倡导家长要动起来，跟随学校工作的步伐，寻求家长的支持，使家庭教育与学校教育协调一致。

要点2：真情邀约

正式召开家长会之前，班主任可以准备邀请函或者信件，向家长发出正式邀请。邀请函除了告知会议时间和地点外，还应适当说明此次家长会的内容和目的，以便家长提前准备。

要点3：营造氛围

①班里播放轻音乐，在黑板上提前书写温馨提示，提醒家长将手机改成振动或静音。如果是低年级的学生，则要请家长管好自己的孩子，保持安静，家长自己要做孩子的榜样。会议开始前，先找一个静静聆听的家庭，在大家面前表扬，希望大家也能像他们一样，让班级大家庭的聚会拥有舒心的环境。

②在教室内或者文化墙上留出空间，进行学生的作业展示或者特长展示。让家长通过欣赏，对学生的学业情况有所了解。你还可以推陈出新，

如在家长会前，请学生写下自己的真情告白，这可以让很多家长深受感动。

（五）勤于记录，不断反思

教育工作需要不断反思、不断改进，这样才能不断积累，否则经验永远都处于零散的、缺乏整理和提升的状态。在记录教学案例和教学随笔的过程中，你会不自觉地反思自身的教育理念、教育决策、教学方法与教学手段是否适用于当前的课堂，是否适合自己的学生，是否符合新时期的教育规律。而我们一旦准备将某个案例、某个问题、某件事情通过文字来表达时，就会对这一具体问题认真思考、深入研究，由小到大、由表及里、由浅入深地揭示问题的实质，从而达到深化问题研究的目的。

反思应该写些什么呢？建议记录以下方面。

要点1：记得失，扬长避短

记录自己在工作当中的精彩亮点和重要败笔，很多教育事件，如果不能写清楚，就说明自己没有想清楚。作为德育工作者，很多突发事件的处理，我们都是凭经验、靠直觉。如果有自我感觉高超的做法，不妨及时记录下来，留住自己的精彩，和别人分享。还要记得自我追问：还有没有更好的解决办法？怎样做是更科学的办法？拿出自己的真实故事，通过不同渠道，听听行内外朋友各抒己见，记录得失，研磨文字，可以从失败中知道自己还有进步的空间，从成功中夯实自己的工作信心，不断修炼德育内功。

要点2：记苦乐，回味无穷

当班主任是累并快乐的，天天跟着一群孩子一起叽叽喳喳，虽然吵闹，但让人保持一颗童心和一脸灿烂的笑容。今天，这个学生闹了个可爱的笑话；明天，那个学生有一句精彩的发言。记录下这些熠熠闪光的事情，留住工作中快乐和美好的回忆，文字也会带着一种愉悦的情绪。

（六）多种渠道，家校沟通

形式 1：短信群发

遇到紧急的事情时，发短信或者打电话给家长更快捷。学生入学的时候，你应该及时请家长填写联系方式，并另外准备一个电话本，以便随时联系。

形式 2：QQ 群

如果愿意和家长进行轻松、愉快的交流，那么 QQ 群就值得采用。不过，为给自己留下适度的私密空间，建议申请一个工作用 QQ 号码，专门用于和家长沟通。

形式 3：家校联系本

如果本班的多数家长并不习惯网络沟通的方式，家校联系本是一种较好的书面沟通方式。在家校联系本上可以记录孩子一周内的表现、闪光之处，可以写下老师的简短寄语，家长也可以在上面留言。

形式 4：家长开放日

每个学年，应筹备一次家长开放日，搭建家校交流平台。在此期间可以和家长恳谈，可以带领家长走入课堂了解、感受孩子的实际情况，促成家长了解学校，也是学校向家长和社会进行宣传的时机。

形式 5：家访

对少数学生的特殊问题还需要进行有针对性的家访。内容主要是向家长报告其子女的表现或问题，向家长了解相关情况，共同商讨协同教育的方式、方法。如果遇到学校、家庭彼此不了解，产生误解或分歧，造成家校配合欠佳的，也可以进行家访。提出问题，如实介绍情况，耐心听取家长意见，心平气和地交换意见，争取实现协同教育。

（七）结交高人，一路扶持

即使你的学校没有制订正式的导师计划，你仍然要寻找一位工作上的导师，同时，结交同伴当中的"高人"，跟着师傅当老师，这将使你的工作能更顺利地走上正轨。

要点1：向谁请教

他应该和蔼可亲，容易接近，事无巨细，都能从他那里得到答案，而不必提心吊胆，看人脸色提问；他应该经验丰富，热衷教育，能带给你正确的导向，而非满腹牢骚，让你从年轻时就消极悲观；他应该充满耐心，甘为人师，他的人格魅力使他一度成为很多人学习和观摩的榜样，相信你也可以从他那里不断受益。

要点2：何时请教

不要在他忙碌的时候追问，有一个合适的时间和场合很重要。当他匆匆拿着作业本准备走入课堂时，不妨将问题按下去。可在一起吃工作餐时、他的课表连续两节没有课时、下午放学后、全校会议前、约好的时间段发问，并且记住：每次都不要过多占用他的时间。

要点3：请教什么

当你还是一个菜鸟级的班主任时，不妨问细致些，没有人会嘲笑你，因为大家都是这样走过来的。面对烦琐的日常管理工作，无从下手的时候，要虚心求教。例如，学校的基本情况、政策及规定，学校对工作岗位的基本要求，特殊家长怎么应对，遇到意外伤害事故应该怎么处理……如果问题多而杂乱，可列一张清单，以免遗漏。提问要简洁，直奔主题，不可长篇大论。提问并不代表不思考。你可以照做，但要多一些思考：如果换一种方式，我可以怎么做？相信多一些这样的自我问询，会让你有所提高。

　　在你已经摆脱菜鸟级别，工作得如鱼得水时，不要抛开导师，因为要提高班主任工作艺术，他也可以助你一臂之力。这时候，你的问题提得要更有深度。例如，特殊学生的连续性引导，策划一次特色活动，和家长怎样深入沟通，怎样博得学生的爱戴……

　　和导师定时会面，深入交流，有助于将导师的功力逐渐转化为自身的能力，转化为自己的教育智慧。

（特约撰稿　田冰冰　重庆巴蜀小学）

（策划　陈雪娇　班主任之友杂志社）

第二章　怎样排座位才能大家都满意

　　怎样把班里的几十名学生以效率最高的方式排列组合在一起，一直是让班主任头疼的问题。有老师这样说："身高、视力、性别、个性、成绩等各方面的因素交织在一起，无论我怎么排，都会有学生不满意，众口难调嘛。""排座位是一道最难的排列组合题！"

　　新班主任上任，头一件事就是直面排座位的难题。这道难题如何求解？

一、排座位的几种基本方法

（一）高矮式

　　以学生的身高为标准，从前到后依次排位。这种排法主要考虑的是学生前后不挡视线，便于每位学生都能看清黑板上的内容。

（二）男女搭配式

　　学生按男女间隔来坐，原则上男女同桌。

（三）兴趣式

　　把班级座位划分为学习板块，学生根据自己的兴趣、爱好到相应板块就座。

（四）自选式

根据学生相互之间友好的程度，让学生自选同桌，自选座位。

（五）轮换式

学生座位实行前后左右大轮换，一周或两周一换，也有每月一换的。

（六）成绩搭配式

按学科成绩强弱搭配，相互促进。

（七）抽签式

班主任把座位编号，学生凭运气抽签决定座位。

很难说哪一种方法最合理、最有效，应该说，各有利弊。其实，在实际的带班过程中，优秀的班主任是灵活运用各种编排方法的，不可强求统一，也不能一成不变。（河南省安阳市第七中学　王莉）

二、开学第一天，如何排座位

开学初，班主任对学生的性格、品行、学习习惯等还不了解，只能采用高矮式与男女搭配式结合的方法来排座位。对此，下例中的自由组合式或许能给你一些启发。

第一次座位编排我采用了自由组合式，这是为了兑现我之前对他们的承诺——"平等对待每一位同学"、"不以成绩好坏论英雄"。具体操作为：原则上以身高为标准，学生自己在教室里挑选适合自己的座位，今后每周进行左右平行移动，以保护学生的视力。学生很乐意也感觉很新奇，还带着几许疑惑，但他们还是很快选好了座位。学生坐好后我留意了一下，基本上是按照身高来坐的，但也有例外：有个子较高的同学坐的位置稍前一些，另有个子稍矮的却坐得有些靠后。虽然我什么也没有说，但在心里想：那些没有完全按身高来选择座位的同学，要么是对自己的情况不太了解，要么是想学的坐前面，不想学的坐了后面。学生坐好后我只是笑了笑，然后强调，这是你们自己选择的座位，老师相信你们会遵守纪律的。

也许是对学生的这种信任让他们感动，也许是他们还不太熟悉，总之，在很长一段时间内，课堂纪律一直比较好，我不禁为自己采取的方式感到高兴。（江苏省南京市南京树人国际学校 明海凤）

【特别提示】

新生入校后的第一次座位编排，通常没有多大的技巧，更谈不上艺术。但需要提醒大家的是，伴随着座位的安排与组织，有许多隐形的东西无形中展现在学生甚至家长面前。这些会直接影响今后的班级管理效率。比如，你笑容可掬，面带微笑——说明你性格温和，可亲可近；你整队时声音洪亮，分配清楚，口齿伶俐——表明你做事干练，有条理；"我现在给自信的孩子一个机会，谁愿意站到前面来喊队？"——说明你理念先进，注意锻炼学生；"谁在小学（幼儿园）做过班长？谁愿意在这个新集体中继续为大家服务？"——说明你善于鼓动，已开始物色班干部苗子了。……

安排座位是学生报到第一天必须落实的工作，学生在观察、感知、体会这个新班主任的一切——好奇、期待、忐忑……不少小学生的家长还会全程陪伴孩子报到、入班、落座。孩子的班主任素质如何、能力如何、性格如何，都是家长极其关注的事情。你的一言一行都在审视之下、议论之中，所以要做好充分准备，展现魅力，为今后树立威信、管理班级开一个好头。（河南省安阳市第七中学 王莉）

三、学期中，如何排座位

开学一段时间后，班主任对学生已经比较了解，包括学习习惯、行为习惯、性格特征，甚至家庭背景、父母素质等。这个阶段的座位安排是最费脑子的，也是最要讲究工作艺术的。

这时编排座位，要掌握几个技巧。

技巧一：同桌混搭

开学初的好景并没有持续下去，时间久了，也许是因为学生彼此之间熟悉了，也许是其他的原因，一部分学生的狐狸尾巴露出来了，课堂上出现了骚动，纪律问题日显突出。我感觉到，这种自由组合的座位编排迫切需要整改了。

在第一次座位编排经验的基础上，我进行了大刀阔斧的改革。整体上将学生分为两类：好动和好静。把好动、自我约束力较差、容易干扰其他同学、影响课堂秩序的学生，编成两列分居教室两侧靠墙而坐；同时，将其他学生根据成绩、性格、平时表现等进行两两配对，同桌的同学一般是成绩一好一差，以实现以好带差，性格上"一动一静"，以形成互补。

座位调整方案实施后，课堂纪律得到明显改善，学生的学习积极性也有了很大提高。在一个月后的阶段性考试中，我班的各科成绩和期中相比，大多数同学都有了一定程度的提高。这除了和全班的努力分不开外，动静互补式座位编排也功不可没。（江苏省南京市南京树人国际学校　明海凤）

【特别提示】

到了这个时期，就考验班主任排座位的艺术了。学生形形色色，在排座位时，整体来说宜用"平衡搭配式"，综合运用各种不同搭配。

性格搭配。大致按照同类分开的原则，两个外向开朗的孩子不能坐同桌，否则会嘀嘀咕咕说个不停；两个内向孤僻的也不能坐同桌，否则怎么合作探究？应该让外向的与内向的同桌，开朗活泼、爱乱说乱动的男孩，配一个文静的女孩，对外向者是一种制约，对内向者是一种引导；性格拘谨小气、处世计较的孩子，配一个大大咧咧、为人豪爽的孩子，第一可以避免矛盾发生，第二可以取长补短。

竞争式混搭。将不同类型的学生分散到教室的各个部分以及不同小组，把男女学生较为平均地安排在不同的小组，能造成小组之间、男女生之间良好竞争的氛围。我们的竞争要达到双赢，要达到和谐发展、共同提高。

性别交错混搭。心理医生认为，心理健全的学生必须跟异性正常交往。中学生性别意识十分强烈，潜意识中都希望给异性留下好的印象。所以，如能恰当地利用这种微妙的心理，适当调配男女生同桌或邻桌，不但有利于消除彼此不必要的神秘感，增强激励作用，而且对学生的行为自律可以起到"无为而治"的作用。

排座位搭配多多，讲究艺术，真的要费一番脑筋。需要一个安静的时间、安静的地点，配一个安静的心境，最好把全班孩子的照片摊在面前，反复调整、搭配，想象一下学生的反应、实施以后的效果，再调整、搭配，以臻完善。（河南省安阳市第七中学　王莉）

技巧二：小组平衡

一段时间后，看上去很美的座位搭配的一些负面效应逐渐显现。首先，这种方案需要座位长久保持不变，这对学生的视力影响较大。其次，该方案明显违背了我当初要平等对待他们的承诺，带有一定的歧视色彩。坐在两侧的同学无疑被贴上了"坏学生"的标签，个别学生出现了自暴自弃的现象；而坐在中间的同学有了很强的优越感，开始有些得意忘形了，居然也开始在课堂上讲话。这些问题的逐渐暴露，对班风造成了一定影响。

我的第三次座位改革方案，既要将前两个方案的优点继承下来，又要克服其中的不足。

在充分考虑学生的学习状况、行为习惯的基础上，我借鉴了学习小组模式。

这一次安排座位之前，我按照阶段考试成绩，设立了四人互助小组。具体的做法是：将全班学生分为 A、B、C、D 四个学习层次，A 为优，B 为良，C 为中，D 为赶上。然后，从每组各选一人组成一个四人学习小组，A 组学生任组长，起监督、引领小组的作用。小组设好后，我再按小组安排座位，对同组的四位同学按上次座位编排的好差结合、动静结合原则又进行两两配对组合。这样，既保证了一帮一又不止于此，因为四个同学一个小组，小组之间是要进行评比的。这样就形成了既一带三又四合一的局面。我把这种座位组合称为四人小组。学生也表示非常满意。

座位调整以后，学生的积极性很高，以前坐在教室两侧的同学表现尤其突出。而且各小组组长积极性都很高，主动对自己的组员进行学习、行为表现等多方面的监督与管理。（江苏省南京市南京树人国际学校　明海凤）

【特别提示】

从同桌两人扩大到前后左右四人小组，这是平时课堂讨论、互查作业、背诵听写等活动合作最频繁的学习单位。四人的成绩最好按照优、良、中、差来搭配，能兼以理科型配文科型最好，以便帮扶互助、学科互补，达到提高全班学习成绩的目的。

学习小组是目前班级学习的主要方式，而且是按照座位来编排的。因此，排座位时，还要考虑学习小组的组成因素，主要参考有以下几点。

①小组之间要实力均衡。每组的班干部数量、优秀学生的数量要基本持平，这样便于开展小组间的竞争。

②成绩好的学生要散花式地安排。

③在保证小组均衡的同时，座位要以方便合作为原则。前后左右四人小组的组合要形成梯度，按照优、良、中、差，把不同层次的学生安排在一起，以保证中差生有问题时，身边随时有成绩优秀的小老师解答。如果成绩优秀的学生多，就结成"一帮一"对子；如果成绩优秀的学生少，就

组成"一带三"的小组。

④每个小组的男女生比例也要均衡。这样，值日安排、体育锻炼、大型集会的队伍安排等工作都可以和座位相连，一组站两队。（河南省安阳市第七中学　王莉）

技巧三：整体轮换

在实行学习小组模式的同时，我还对小组定期进行座位移动，一般是进行左右平移。后来，考虑到学生的视力及身高等原因，我又让后三排的同学前后移动，前三排的同学前后移动。这种既左右移动又前后移动的方式，对学生而言是一种全新的体验，他们非常乐意接受。对这样的座位安排及移动，他们都很满意，从来没有提出过异议。家长更是满意，尤其是B、C、D三个层次孩子的家长，认为孩子可以相互学习与讨论，对此大加赞赏。（江苏省南京市南京树人国际学校　明海凤）

【特别提示】

座位安排要充分考虑每个学生的需要，避免学生由于长时间坐在一个地方看黑板，出现斜视、近视等问题。所以，要安排组与组之间定期的大轮换。

①按"高矮式"排定的座位，个头最高的同学肯定坐在最后，他们要喊屈，最矮的坐在最前面，他们会有一定的自卑感。同时，坐在教室两侧的同学，也会有意见。因此，在前面的基础上再实行每月一次的滚动式座位移动，可以让学生有机会尝试坐到教室的不同位置，可以从中体味到生存和发展的酸甜苦辣。

②可以提前告诉学生，教室里的每个位置都有好有坏。有位有经验的教师特意写了一首打油诗——《教室的位置》："读书学习在教室，教室里面有位置；位置到底哪个好，哪个位置都很妙。昂首挺胸坐前面，字小也能看得见；时有唾沫一点点，粉笔灰灰一片片。不远不近坐中间，眼睛看

字倒是欢；挤进挤出不方便，另外空气不新鲜。又斜又偏坐窗边，清脆鸟声在耳畔；阳光普照脸和眼，头晕眼花有点闪。晃晃悠悠坐后面，交头接耳较自在；'个性''特长'尽展现，成绩下滑怎么办？同学们啦要听清，前后左右和正中，只要上课很认真，学习成绩往上撑。个个位置都平凡，看你态度如何来；人人位置都普通，看你是否很用功……"如此生动、鲜明地指出教室各个位置的利弊，学生一目了然，对座位也就不那么计较了，效果特别明显。

③在座位的轮换中，学生在动，可班上的桌椅并没动。有些孩子没有保护桌椅的意识，在桌子上乱涂乱画，坐椅子时也乱摇乱晃，等到下个孩子再坐时，就告前一任的状。如何解决这个问题？只有一个办法，再轮换的时候连同桌椅一起换。这样，桌椅固定了，学生的保护意识就增强了，不过是搬的时候麻烦点。每次换座位前要求学生把自己的东西整理好，把凳子放在自己的桌子上，然后全体起立，找准目标后快速移动到自己的新位置上。这样一来，问题迎刃而解。（河南省汤阳县一中南校　张延艳）

④座位轮换不能过于频繁，屁股还没坐热就换位子，会影响学生学习和小组稳定，不能为了轮换而轮换。中学和小学轮换周期不一样，要根据实际情况确定。（河南省汤阳县一中南校　张延艳）

四、排座位容易遇到的困难

（一）学生要求调座位——不要被学生牵着鼻子走

"老师，我的数学不好，我想和小宇坐到一起，他能帮我讲数学题。"

"老师，小雨总是讽刺、挖苦我，我不想和她做同桌了。"

…………

围绕座位问题，经常会有学生提出各种不同的诉求，大致有两种情况：一是要和谁同桌，一是不要和谁同桌。不管学生的要求是什么，都不要贸然表态。班主任做任何一个决定甚至说任何一句话，都要争取获得一定的教育作用：要么引导学生处世为人，要么帮助树立良好的班风，要么帮助连通同学感情等。

对于想和谁坐同桌的要求，一定要认真考虑，不要忽略了学生的意见。如果要求合理，最好能答应，因为学生是必须要尊重的。但是，在答应之前，要和学生讲条件，和双方都要谈话，让学生陈述理由，你也要提出要求，作为交换条件。这样，既不驳学生的面子，又给学生加了一道紧箍，学生多了一种学习的动力。

对于不想和谁同桌的要求，多是双方产生了矛盾，或是一方得罪了另一方。这种要求通常情况下都不能答应。因为调开座位不等于解决了矛盾，治标不治本，而且调开后连和好的机会都没有了。说不定，过两天他们自己就和好了。

低年级学生的矛盾多数转眼就忘，老师一介入反而小事变大了。处理的技巧是，推一推，放一放，使其自然凉。

高年级学生有思想、有头脑了，产生矛盾恰好是教育的契机，可以借此机会教学生学会做人。跟学生谈宽容大度、谈同学情缘、谈班级整体利益、谈学会理解、谈学会换位思考、谈男孩子的风度、谈女孩子的友善……视其情况，选择谈话内容，给孩子的心灵注入正确、美好的东西。

班主任带班的过程首先是育人的过程。处理哪一件班级事务都要遵循这个原则。要做主导，不要被学生牵着鼻子走。

（二）家长要求调座位——要跟家长做好沟通

几乎所有的家长在开学初都会问孩子一些问题，包括谁是班主任、任课教师都是谁、跟谁坐在一起、坐在前面还是后面……每个家长都想让自己的孩子占有最有利的资源。相比之下，调整座位比调换班主任和任课教师现实多了。每当开学初家长就要为此"忙碌"着，不管怎么排，总有不少家长来找。

这个问题，我想，主要应该从思想上解决。要解决家长的思想问题，首先要解决学生的思想问题。如何解决呢？一是教育，教育学生如何看待别人。告诉学生要全面看待别人，既要看到对方的缺点和短处，更应该发现对方的优点和长处，学会欣赏别人，赞美别人，多向其他同学学习，不能歧视任何一个同学。让同桌互相说一说对方的优点，这样既可加深同桌间的友谊，又可达到教育的目的。第二，也是最重要的一个方面，就是教师要以身作则。只有老师对学生有宽容和接纳之心，才能引导学生与周围的同学平等、友好相待。家长的顾虑往往取决于孩子，既然孩子都不在意自己的同桌和位置了，家长自然也不会太计较。

当然，也不能忽视家长的心理，所以还要给家长做工作。班主任可以在开家长会的时候强调一下：将来的社会是合作的社会，不会合作的人是不可能成功的，要想让自己的孩子将来有出息，就必须让他学会跟各种各样的人相处，光会学习不会合作的学生是不能适应未来社会的。作为家长，应鼓励孩子多交往，学会与同学相处。如果自己的孩子不提出这方面的要求，家长就不要强调座位的好坏。这样，孩子才能更好地学会与人相处。虽然这样做还会有个别家长找老师调座位，但是个别问题就容易解决了。

我们班有一个男生长得很高，安排在后面。家长很快就找来了，说的理由很普通，就是眼睛近视，坐在后面老师看不到学生会不严格要求自己，等等。我对家长说：第一，据专家说，眼睛近视后应戴眼镜，否则视力会下降得更快，建议赶紧配合适的眼镜；第二，我们班总把学习好、能自律的学生放在后排，这些同学其实是老师的助手，帮助老师维持秩序，你孩子的位置很重要，是班长的位置。家长听了后就表示不调座位了。我们班除了常务班长，还有值周班长，这个学生当时正在当执周班长。

最好的办法还是编排的时候要做到科学，要讲究艺术，要善于动脑。看起来随意排位，其实是下了功夫的。还有就是，编排座位的时候不要总是学习好的在前面，还可以把学习最好的放在最后，这样也能起到不错的效果。（鲁东大学教师教育学院　刘艳莉）

（三）给学生调座位——告诉学生调整的原因

在学生入学初期，就要给学生交代规矩，座位不是一成不变的。随着对学生的了解，根据孩子们的性格、学习习惯、课堂表现、男女生关系等诸多因素的变化，每隔一段时间座位必须进行微调，即将个别同学的座位进行调换。

需要注意的是，微调一定要让学生明了原因：可以在调整之前征求意见，表现对学生的尊重；也可以在调整之后找学生私下谈心，解除疑虑，激发学习的动力，更可以给学生带来温暖。比如：

"小楠，把你安排在第一排，你知道是为什么吗？"

"知道，在老师眼皮子底下就不能说话了。"

"不对，是因为你很聪明，只是自控能力差了点儿，成绩这么不理想，老师觉得很可惜。让你离老师近一点儿，便于你专心听课，问老师问题也方便呀！希望你下一次考试能让老师满意，好吗？"

无论是哪一种沟通方式，原则上都是站在孩子的角度去谈，让孩子感到老师是为他好，心里不留疙瘩。有策略的谈话还能转化为学生上进的动力。

【特别提示】排座位，不要制造问题

我们可以将座位作为一种激励的荣誉。

特别时期的特别座位

绝大多数孩子要过小升初、中招、高考三道关，这也是我们教师不得不面对的"应试"现状。竞争压力、家长的期望、孩子的前途，都决定了冲刺期班里必须形成紧张向上的学习气氛。排座位也是措施之一，这一阶段可以有特殊的政策。

因为好座位也可以是一种奖励。

想要得到，必须主动争取。刻苦勤奋的孩子理应得到奖励，成绩优秀或者其他方面表现很好的学生可适当给予挑选座位的特权。这个阶段的座位编排宜采用"自选式"和"成绩奖励式"。（河南省安阳市第七中学　王莉）

首席座位

班上有49人，这意味着有人要单独坐。谁合适呢？我的目光在孩子们身上搜索着。对，小彤，学习认真、听话懂事，不管坐在哪儿都让人放心。

大约过了两个星期，一天课间，小彤对我说："老师，我不想一个人坐。""为什么呀？"我奇怪地问。小彤低着头，没有出声，看得出很难过。我拉过她的手，耐心地说："班里必须有一名学生单坐，老师信任你，才安排你的。""老师，我知道，可是我一个人难受。平时没有人和我讨论问题，没有人和我互背课文。上音乐课，老师让同位互拍打节奏，我只好对墙拍。"说着说着，小彤哭了起来。望着这个伤心的孩子，我的心被震动了。本以为自己考虑得很周到，其实最重要的——孩子的感受却被我忽略了。我负疚地替她擦干眼泪："对不起，老师太粗心了。"

总有一个学生要独坐，该怎么办呢？我苦苦思索着对策。

第二天，我把小彤的课桌从最后一排调到教室的最前排，郑重对学生宣布："法庭上最高法官叫首席法官，乐队里最好的乐手叫首席乐手，最好的记者叫首席记者。这张桌子在最前排，老师给它命名为'首席座位'。谁表现出色，谁就有资格坐到这儿，享有和老师一起读课文、讨论问题的待遇。小彤同学品学兼优，是不是应该成为首席座位的第一个主人？""应该！"全班学生异口同声、响亮地答道。

在同学们羡慕的目光下，小彤带着灿烂的微笑坐到"首席座位"上。后来"首席座位"成了全班同学最向往的地方，也成了我调动孩子积极性的法宝。半学期下来，几乎每个学生都单独坐过这个座位，他们感受到的是自豪和快乐，而不再是孤独和自卑。（宁海侠）

（策划　汪媛　班主任之友杂志社）

第三章　怎样安排卫生值日最合理

卫生情况的好坏直接反映一个班级的班容班貌，间接表现一个班级的班风状态。所以，如何安排卫生值日，不可小视。

一、值日小组的划分方式

教室内的卫生和教室外（清洁区）的卫生，每天都要打扫，学校政教处（德育处、学生处）会有相应的检查和量化评比。每天的卫生打扫工作通常需要一个组若干名同学来承担。

值日组的划分大致有以下几种方法。

座位区划式。全班学生按照座位会自然划分为若干个区。在班额为40～60个学生的班级中，一般是横排8人，竖列5～8人。一竖列为一个小组，两竖列为一个大组。按照座位的自然区划，全班可以分为四个大组，或者八个小组。安排值日是以大组为单位还是小组为单位，一般按照需要完成任务的多少而定。这种方法适用于学生入校的第一个学期。

自愿组合式。打破座位的限制，学生自愿结合组成若干个值日小组，再自行选出组长。组合之前，教师需要根据班级人数和值日任务，先确定一个组由几人组成，然后学生再自行组合。任务少就安排组多一点儿，成员少一点儿。例如，每天的值日任务，包括扫教室、擦黑板、扫教室门前的地面等，七八个孩子用十分钟左右就可以完成。如果班级人数是50个，那么，分成6个组，每组8个人比较合适，剩余两个人可以安排擦黑板、洒水等；如果班级人数是 40 人，那就安排 5 个组，每组正好 8 个人。如果任务多，就安排组少一点儿，成员多一点儿。例如，清洁区比较大，还有擦板报栏、花圃栏杆等任务，七八个孩子需要干二十多分钟甚至半个小时，那就扩大组的人数，每组 10 个人或者 12 个人，50 个人的班可分成 5 个组。

自愿组合式适合高年级班级，这时，班风已经稳定，学生已经互相熟悉、了解，他们喜欢按照离家的远近、放学是否同路、朋友关系的亲疏等因素来决定同组成员，本着尊重学生、信任学生的理念，这时候采用自愿组合式会受到学生的欢迎。

挑兵点将式。如果说自愿式是完全民主，挑兵点将式则是民主加集中。班主任先点将，即根据学生的威信、能力等因素确定几个组长，组长再挑兵。挑兵的过程其实是双向选择的过程，相当于自愿式。

挑兵点将式和自愿组合式的不同在于组长的确定，前者是老师指定的，后者是学生自选的。学生完全自主自愿组合，容易出现小组间的不均衡，优秀生找优秀生，后进生找后进生，于是，有些组强，有些组弱。强组可能一堆班干部，造成资源浪费；弱组可能连个负责任的组长都选不出来。而挑兵点将式是老师先点将，等于把优秀生、班干部分散开来，然后各自招兵买马，组织队伍，这样也便于以后组长行使权力。

二、值日任务的分配方式

大多数地区的中小学，值日组的任务通常分为教室内和教室外两部分。

教室内包括扫教室、拖教室、擦黑板、擦讲台、擦门窗、写课程表等，条件好的学校可能还有饮水机、图书柜、多媒体架等需要擦拭、整理。教室外包括扫教室前后的地面以及学校分配的校园某处的地面，还可能负责板报栏、花池栏杆、升旗台四周、走廊、楼梯等处的卫生。值日组应该有明确的分工，任务要承包到个人。分配方法大致有两种。

按区块划分。按照教室内外的任务分成两个小组，负责教室内的一组，负责教室外的一组。目前，采用这种分法的比较多。

按工种划分。按照值日时劳动的方式、所用的工具不同来分配。比如用笤帚的一组、用拖把的一组、用抹布的一组，这种方法便于值日后劳动工具的管理。

其实，在实际工作中，这两种方法往往结合在一起使用。

三、值日组的确定方式

（一）轮换制

一个组承担一周的打扫任务，一周一换，各个值日组轮流承担，周而复始。这种方法简单稳定，弊端是缺少激励，学生没有积极性，不能保证打扫质量。

（二）竞争制

把学生的学习、作业、出勤、纪律、仪容仪表等各方面的表现与值日工作结合起来，按照综合表现的好坏来确定值日组。这种值日制度的操作从制订班规就开始了，也就是说，在班规中要有与值日密切相关的奖惩内容。根据班规内容，按照各个同学的综合表现，每周量化出各人的分数，再计算出各个小组的平均分，分数最低的组为下一周的值日组。也就是说，值日组的确定由组内成员的分数决定，这就促成了一种氛围：为小组加分光荣，为小组减分惭愧。于是，值日组的竞争促进了整个班级工作的提升。这种带有激励意义的比赛性质的安排方法，可以使各个小组之间形成竞争，增加小组的凝聚力，易于调动学生的积极性。

（三）自愿制

这种值日方式的优势，在于将卫生值日这种常规管理转变为集体活动，学生在值日中的心态发生了质的变化。即由"别人要我做"变为"我自己应该做"、"我自己愿意做",这在调动学生值日积极性的同时,也能让学生产生高尚的道德情感体验,有助于推动班级向自主管理的较高层次发展。教师尤其是班主任,也要时常加入自愿值日的行列,每周至少一次和学生一道打扫卫生。维系这种值日方式的支柱是学生的责任意识,让学生意识到自己在班级中需要承担的责任,并将这种认识在自觉、自发中付诸实践。

(肖金红)

四、值日安排中的原则

(一)分工明确,责任到人

一个值日组七八个或十几个孩子,共同承担这一周的卫生任务,而任务又比较琐碎,谁负责擦黑板?谁扫教室?谁扫清洁区?一定要明确到个人,最好制订一个分工表,贴在教室内。任务责任到人,以免出现卫生死角。比如一窝蜂地都去扫教室,窗户没有人擦了;教室地面很干净,可是包干区却没有人管了。

(二)恰当搭配,尽量公平

恰当搭配是依据组员的组成,男生和女生、高大的和瘦弱的、大大咧咧的和干活仔细的,等等,把不同特点的学生搭配在一个组,以求互补。尽量公平是就任务分配来说的,工作量的多少、劳动强度的大小、所用时间的长短等,都要尽量公平。同时,还要兼顾值日组学生的特点,比如男孩子喜欢爬高的,就安排去擦窗户;女孩子沉稳一点的去擦桌子。总之,分工要尽量公平、合理。

（三）抓住契机，育人第一

现在的学生大多从小娇生惯养，自理能力差、自我意识强、懒惰现象严重等，这些已经是不争的事实。在学校，能让学生自己动手、付出体力的事情只有打扫卫生，分工再明确，也有情况特殊；搭配再合理，也有不公平处。因为这是一项劳动，既是为集体付出的劳动，又是需要分工合作才能完成的工作。所以，在这个过程中，奉献精神、合作精神、责任意识、集体意识等问题都可能涉及。责任感强的班主任会把值日工作当作育人的契机，及时做工作。

比如，早晨快上课了，讲台边还躺着一堆垃圾，我问："怎么垃圾还没有倒呢？"组长跑到分工表前看了看，说："苏××的任务是撮灰。"苏××的妈妈刚刚给我打过电话，说孩子有点发烧，带她到医院看看，晚一会儿才能来学校。我说："苏××今天请假了，这堆垃圾就放在这儿吗？一个组就是一个集体，集体的事情是要共同承担的。分工并不意味着各管各，今天你帮了别人，明天你也会有需要别人帮忙的时候。合作与奉献是一个社会人必须有的意识和心胸。"

低年级的孩子不会值日，东划拉一道，西划拉一道，一小片地半天也扫不干净；擦门窗不会洗抹布，越擦越脏……这些事每个班主任都头疼，需要手把手地教。有的班主任干脆自己干，或者号召家长到校大扫除，爷爷奶奶齐上阵的剧目也上演过不少。

面对这种状况，我主张宽容但不迁就，指导但不代替。"宽容"是不要指责批评，因为不是他不想干，而是不会干，所以需要我们指导；"不迁就"是不降低要求，要给学生一种质量意识，做事必须认真。我的措施是和家长联合，给孩子布置特殊的作业，去为家人服务，锻炼劳动能力。例如，暑假期间给父母擦凉席，寒假期间给父母端洗脚水，周末自己洗校服，给父母擦皮鞋等。

（四）放手给权，培养干部

值日组的最直接领导是小组长，职务虽然不高，但任务不少，从分工到落实，从督促到协调，都是小组长的事。小组长需要锻炼的能力很多，既要是个实干家，以身作则；又要是个帅才，领导好这个团队。另一个重要的班干部是卫生委员，他要检查值日组任务完成得如何，督促检查，监督整改，确定小组是受奖还是受罚。这个角色需要工作大胆，不怕得罪人，铁面无私，处事公正，学生才服气。

班干部队伍的培养是个复杂的工程，不是一两句话能说清的事，也不是一朝一夕能做好的事。但原则是鼓励和放手给权。任务如何分？去和小组长商量！打扫合格了没有？卫生委员说了算！班主任能不干涉的就不要干涉，你越尊重他，他越有自尊；你越放手，他越独立。

五、值日任务的落实

事实上，不少班级的值日任务，都是由几名踏实肯干的学生全部完成，其他同学则变着花样逃避劳动。因此，值日任务落实到人，是一个非常关键的问题。有些同学不是不愿意干，而是不会干，怎么办？劳动委员在执行任务时难免跟同学发生冲突，怎么办？落实中会遇到的问题很多，如，初一上半学期，学生值日空有热情，效果却一塌糊涂。于是，我组织了一次小班会，主题是"怎样值日质量更高"，让学生先讨论，再写成一篇说明文，效果很好。

摘录部分内容如下：

我的任务是负责我们班的自行车区。自行车区虽然只有那么一点，但是工作却没那么少：扫地，洒水，最后还要摆自行车。

我的建议是：两个人最好来得一样早，这样有利于工作的开始。工作的时候，一个人摆车，另一个人紧跟在他身边。他摆一辆车另一个人就扫那辆车下面的地。如果这样做，车摆完的时候，地也就扫完了，不仅完成的时间早了，效率也会比原来高。

要想高质量完成任务，清洁区内必须没有死角，比如说，在自行车区的边缘处，就有一条长长的浅浅的沟，里面经常会有一些树叶和碎纸屑，风一吹，里面的垃圾、灰尘、树叶就飘到地面上来。所以，在扫自行车区的时候，一定要先把那条沟扫干净。这样，就不用担心里面的碎屑，扫其他地方就行了。还有，摆自行车的时候，要按规律摆放。比如说，大车和大车摆在一起，小车和小车摆在一起；有筐的和有筐的摆在一起，没筐的和没筐的摆在一起；车架一样的摆在一起，颜色一样的摆在一起……

这样的班会是逼着学生自己思考，自己讨论、总结出来的方法，印象不仅深刻得多，而且也会积极主动地运用，值日的质量自然会提高。

一个偶然的机会，听到学生在课下聊天："刘××今天单词听写又加分了，老师就喜欢这样的学生。可怜李××这个憨子，天天替他拖地！"

刘××，聪明机灵，我班英语课代表，学习尖子。李××，内向老实，不善言谈，学习成绩中等。两个人在一个值日组，分工是共同负责走廊的卫生。刘××常常以各种理由开溜，要么去办公室送作业了，要么去帮老师改卷子了，整个走廊就去给李××一个人。而李××呢，从来不言语，不抗议，也不告状。

我了解到这个情况后，定下了"耍滑者批评，憨厚者也不表扬"的决定。

对刘××的批评无须多解释，对李××的不表扬是因为这样的孩子太老实，在这个复杂、纷扰的社会里，一味沉默付出是不是有点窝囊？当别人总是利用你的憨厚换取自己的享受时，憨厚是不是已经成了懦弱？

我郑重地告诉学生："你天天替刘××干活，是剥夺了他为班级服务的权力。你助长了他的自私和滑头，也忽视了自己的权利。这不叫憨厚，也不是善良。你能理解吗？"李××当时满眼疑惑，但后来还是学会为自己争取权利了。

值日事虽小，育人责任重。年轻的班主任们需要的是这种意识，教育的契机是无时无处不在的。

【经验分享】

巧妙维护值日制度

班干部严格"执法"常常造成矛盾，老师处理不当会对班级的凝聚力产生巨大杀伤力。支持班干部，容易给学生偏袒的印象，不支持又会降低制度的威力。这个时候老师要冷静，聆听双方的心声，化解学生心中的郁结，让学生领悟处理问题的正确方法。

例如，劳动委员突然来辞职，这种情况下辞职一般是假，诉苦是真。于是，我问她受了什么委屈。原来，她督促值日生的时候，受到了值日生的抢白，旁边的男生又煽风点火，于是发生了争吵。只要处理好学生的情绪，劳动委员自然就不再提辞职的事情。于是，我一方面表扬了她的认真、负责，同时又引导她思考对方为何会有这样的态度。通过思考，她反思了自己的工作方法，认识到了自己的问题。最后，我告诉劳动委员，我会处理好值日生的问题。于是，她满意而归。接下来，我找值日生谈话，他很恼火地说："老师，她（劳动委员）很烦人。我刚到教室她就唠叨，我说'等一会儿，我先打水'。结果她就发火了。"

我笑着说："她发火还不是因为责任心？你觉得一个男人最重要的品质是什么？"他笑笑说："宽容、敢承担，等等。"

我马上说："如此有宽容心的你，为何会和一个有责任心的小女生斤斤计较呢？我知道她说话很随意，甚至让人听起来很不舒服。她有时候和我说话也是如此。但我也看到她做人坦诚、直率的一面。面对一个直率而且有责任心的女生，虽然说话方式有些不恰当，我们该用什么样的态度来对待她呢？"

生答："宽容一点儿吧。"

这段对话，老师没有简单地为一方辩护，而是引导学生学会如何认识和处理问题。首先，老师给学生一个表达不满情绪的机会。学生的情绪得以表达并得到理解，看待问题就会理性。然后，老师教给学生学会看待同学的言行，找出班干部的优点，这样就在无形中转变了学生的认识。第三，培养学生的思想品质，学会宽容和担当。一件看似普通的管理矛盾，在维护值日制度和劳动委员权威的前提下，对学生进行正确教育，教育的目标始终指向学生的成长，在日常小事中培养学生健康的人格，这样的教育会让学生终生受益。（广东省广州市禺山高级中学 李进成）

（特约撰稿 王莉 河南省安阳市第七中学）

（策划 汪媛 班主任之友杂志社）

第四章　怎样制定班规最有效

　　班级管理中采取的一切规章制度，简称班规。班规主要涉及学习、纪律、出勤、卫生等诸多方面，班规使班级成员知道该做什么和不该做什么。班规是微观的教育制度和教育规范，是规范、约束以及引导每个班级成员，包括学生与教师的所有规则。

一、讲民主，还用班规治班吗

【困惑】讲民主，还用班规治班吗

　　提起班规，我们往往把它和约束、规则甚至惩戒联系在一起，面对现实世界里屡屡出现的雷人班规、另类班规，我们不解、迷惑甚至无措，是学生不好管，还是教师不会教？班规，是教师治班智慧的集中体现，还是学生自主管理的最大展示？今时今日，我们到底需不需要班规？

【为你解惑】班规不应用来压制学生，而应用来引导学生

　　班规被否定，源于一些班主任对班规的误解。
　　"班规就是管学生的。"良好的班规对班级的整体和谐发展、学生的健康成长都是有益处的。约束行为虽然是班规的首要作用，但不是唯一的。一些教师错误地认为制度就是用来管学生、让学生听话、"守规矩"的，这

削弱了制度在教育管理中的价值。用这种理念带出来的班级一定是僵化刻板、死气沉沉的。

"班规会压抑学生的个性。"不仅是老师,很多学生也有这样的想法,认为班规只是教师专制的工具。这成为他们不愿遵守班规,甚至故意违反的主要原因。"如果对自由不加限制,那么任何人都会成为滥用自由的潜在受害者。"所以,我们必须明确:"自由是做法律所许可的一切事情的权利。"这些辩证的观点有助于我们理解为什么用班级制度约束学生行为和发展个性、尊重自由并不矛盾。

真正民主制定的班规并非针对某些人的行为而制定的,并非故意压制学生的个性发展,而是为了对学生的行为、个性的形成及发展起引导作用,促进学生身心及个性向积极方面发展。

班规的三个职能

班规是班级管理、学生教育必不可少的手段。

1. 约束学生行为

无规矩无以成方圆,科学的班规,是一种约束中的引导,可以培养学生良好的行为习惯。

陈老师,你好!现在我班里的学生吃零食现象盛行,基本上是人人都吃,主要是方便面、瓜子之类。我反复劝阻,仍不见效,请教:对此问题应该如何进行分析、解决呢?

这是一个典型的班主任在改变学生坏习惯方面束手无策的案例。问题出在哪里呢?原来,这位班主任只懂得"劝阻",但是遇到了不听话的学生,只能"干瞪眼",因为他除了说教,没有更有力的武器。班主任要善于运用规则管理班级,规则是比说教有力得多的"武器"。我回复他说:

制定规则,不得在教学区内吃零食,然后严格执行即可解决这个问题。

劝阻有用吗？劝阻有用要法律干什么？我发现很多班主任在面对学生的陋习时束手无策，不会运用规则解决带班中遇到的困难。请拿出你的勇气和决心来，做一个给力的班主任。（江苏省南京市第三高级中学　陈宇）

2. 促进班级良性运转

班级的一些常规事务和细节，如果能以规则的形式确立运行模式，将有助于班级的顺利运转。

自从看到某教师为收 10 元班费被家长投诉，看到某校班主任被有关部门责令将收取的班费全额退还学生（至于购买了东西的部分也由班主任自己填补）的消息后，才明白收班费也是一项富有思维含量和技术含量的活儿。

但凡当过班主任的都知道，班级好比一个家庭，少不得一些日常开支，搞个活动、发点奖品都需要班费。

这就让时下的班主任面临着两难选择。不向学生收，班级活动的必要开支就成了无源之水，这种情况下往往是班主任自掏腰包。政策说是由学校拨款给班级当班费，试问有多少学校在这一点上是不打折扣的，又有多少班主任会就这个问题与学校较真？向学生收吧，万一遇到个较真的家长跟你顶起来，告到校长甚至教育局长那里，自己也是理亏的。如开头提到的某教师的遭遇。于是，只能盼望家长个个通情达理、善解人意，可这是多么不保险的事。

计划一番，我有针对性地上了一堂以勤俭为主题的班会。要求学生每月每人节约 3 元钱，作为班费。而且我强调，既然是勤俭节约行动，就不可额外伸手向父母要这笔费用。同时，把这事马上告知家长，明里让他们监督孩子，实则堵住他们的悠悠之口——培养孩子的勤俭美德，何错之有？

虽然比别人多走一步，其实这是曲线救国。从此，不需再为筹集班费之事劳神、费心。

当然，班级制定了一张班级基金收支细目表。包括日期、存入、支出、经手（生活委员签字）、审核（班长签字）、主管（班主任签字）、余额、备注等内容，张贴在班务公开栏里。每笔收支都明明白白、清清楚楚，每笔经费都是取之于民，用之于民，何患他人非议？（浙江省杭州市天杭教育集团　郑英）

3. 营造自由、公平的班级氛围

其实，保障学生行动的自由，才是班规问题的关键所在。一般行为管理，尤其是学生行为管理有两种不同的出发点，也就有两种不同的价值选择：一是把纪律作为维持秩序的手段，一是把纪律作为保障个人自由的手段。如何建立以保障学生个人自由为出发点的班规呢？不妨从讨论"我们班上大家正常生活、学习和个人自由的障碍是什么"入手（只在本班同学的行为中寻找障碍）。然后从大家的意见中，筛选出"主要的障碍"、"最大的障碍"、"非排除不可的障碍"。主要针对众多学生不可容忍的行为，订立班规，作为建立班规的起点。尔后，如果出现新的障碍，再有针对性地补充班规条款。如此班规，保障个人自由的意图不言而喻。（陈桂生《话说"班规"》，转引自《江苏教育研究》2012 年第 2 期）

二、一接手班级，就得制定班规吗

【困惑】一接手班级，就得制定班规吗

班规如此重要，是不是一接班就要着手制定详细、全面的班规呢？

【为你解惑】不同的班情，选择不同的时间制定班规

每个班级的情况不一样，班主任在接手班级前，就要了解班级的特点，以确定该什么时候制定班规。切不可一上来为了给学生下马威，就用条条框框箍死学生。

班规需要择时而定

1. 班级组建后一个月左右制定班规

大多数学校，新生入学后都要学习校规，因此，在正式班规诞生之前可以根据校规简单制定几条临时班规。经过一个月的生活，学生的问题逐渐暴露后，再征集学生意见，着手制定正式班规。这样会更有针对性，也容易被学生接受。

我毕业时被分配到一所普通学校工作，生源质量差。新学期，我接手了一个新班，根据入班时的观察和查看档案，我发现，本班学生行为习惯不良的多，学习习惯良好的少。虽然学校有校规，但内容太多，有必要在班级明确一下最基本的要求。

正式上课的第一天，早读时间要到了，几个同学才气喘吁吁地闯了进来。我看着他们坐好后，示意背书的同学静下来。

我说："大家想不想在一个新班级里取得进步呢？"

"想！"回答整齐响亮。

我进一步引导："那么，大家想不想在一个学习秩序良好的班级里生活呢？"

"当然想！"又是一声响亮的回答。

我借机抛出我的要求，我说："良好的秩序要靠大家去创造，这就需要一个相互约束的约定，也就是班规。正式班规要一个月后才能由大家制定出来，在此之前，我提三条基本要求，帮助大家养成良好习惯。"他们目不转睛地看着我，等待下文。

我说："第一，不迟到；第二，按时交作业；第三，遵守课堂纪律。违反的同学我要找他聊天。"

"同意的同学请举手！"大多数同学举起了手。临时性班规就这样通过了。

三条临时性班规基本稳定了学习秩序，通过对违纪同学的谈话教育，我对班级情况有了进一步了解，为下一阶段制定正式班规作了准备。

2. 班级组建伊始即制定班规

班级组建伊始就制定班规，明确哪些是明令禁止的，有利于班级在较短的时间内进入正轨，但要考虑推行的难度。

2004 年时我来到一所新学校，高一带的班在学校取得了令人满意的成绩，高二文理分科后，组建新班时我班的后进生相对较多。针对这种情况，我果断地颁布了十条禁令，在原来高一带过的老学生的支持下坚定地贯彻了下去。一个学生在毕业后的回忆录中写道："记得刚进班时，班主任秦老师可谓'颇费心思'。他先是提出要大力建设'班级文化'，要求我们要勤奋，要养成良好的学习习惯，要坐住板凳，要高效学习等。当别的班还在迷茫地寻找着自己的定位时，我们班已经提前进入了学习状态。我也感觉自己从中获益匪浅，为即将到来的学习生活奠定了思想基础。"

相信聪明的读者早已领悟其中的"奥秘"，这种缺乏民主程序的班规之所以能推行下去，是因为高一时在学生中已建立了威信，有了一定的群众基础，并且做了大量的思想动员工作，具备了推行班规的条件。等到其他班级一个月后制定班规时，我们班已经走上正轨了。

3. 中途接班要依具体情况修订班规

新班主任也可能面临中途接班的情况，遇到这种情况时不要急。接手后要先了解班情，如果原班秩序较好，可以"萧规曹随"。如果状况不佳，也要在取得原班基本群众支持的情况下才能着手逐渐修订班规。

2000 年时我到一所新学校工作，接手了一个辞职老师的班级。接班没几天我就发现这个班学生习惯很不好，我非常着急。想起以前成功的经验，我就用班规约束他们，颁布了十条禁令，明确规定了各个时段到班的时间，自习课要保持安静等。当我拿着新班规向他们征求意见时，一个同学写道："我祝你迅速离开此地。"我被这一记闷棍打晕了。清醒之后，我开始调整工作思路，我向原班科任老师了解情况，一个个找学生谈话，发现渴望改变班级现状的学生占多数。用一个月时间稳住基本群众队伍后，在班会上我向学生征集意见，想修改班规的占了大多数。我又让每个同学至少拟定一条修改意见，最后由班委会汇总、梳理，在保留原班规合理成分的基础上制定出了新班规，并顺利表决通过。

（河南省济源市第一中学　秦望）

三、为什么学生会反感班规

【困惑】为什么学生会反感班规

"我生性不爱受困，常常违反班规，班主任常罚我抄班规20遍，我只好3支笔一起握。我常对人说，我的一手好字就是这么练出来的。"这是作家韩寒对"班规"的调侃。

虽是调侃，但不难看出班规给人留下的坏印象。更有甚者，我们在现实中，常常看到各种各样的雷人班规、另类班规：迟到1分钟罚款1元，早恋罚款20元；考试落后5名，首次处以30元罚款，如果不交就会被记入"诚信档案"；不准带手机到学校，一旦发现就没收，代管到毕业……

国有国法，家有家规。班规，一个只对班级组织所有成员产生效力的规则，可能只有寥寥几条，也可能多达几十条，对学生的影响却是深远的。但提起班规，为什么教师头疼、学生难受、媒体热炒？

【为你解惑】制定班规，有原则，有技巧

"没有规矩，不成方圆。这大概是教师们最爱说的一句话了。可是我觉得许多校长和班主任只是用这句话，为自己任意出台土政策找借口，很少有人认真探究，所谓'规矩'是怎么产生的，它的使用范围如何，实际效果又如何。"王晓春说。

不同的教育思想，决定了班规的诞生形式，决定了班规的内容，决定

了班规的有效性。

但很多老师还是疑惑：班规，应该怎样制定？

（一）制定班规的原则

1. 民主性原则

身边的青年班主任王老师抱怨，都怪这个李镇西，搞什么民主治班，搞什么班规，我们班开学之初定的班规根本执行不下去，依我看，还不如没有班规，我的话就是班规，这样就把学生管住了。

很多青年班主任习惯于把别人的班规拿来就用，殊不知，任何名师的班规，都是在特定时间、特定地域、特定群体中产生，由班主任这一特定的人来操作。王老师的失败在于没有真正地贯彻民主。

第一，制定班规前，要注重对学生的民主教育

李镇西的《心灵写诗》一书中有一节民主训练与民主启蒙的班会课。在该次班会课上，通过讨论，大家畅所欲言。李老师适时穿插介绍民主常识。如："民主有两个原则：行动上，少数服从多数；精神上，多数尊重少数。""我和你们不是父子关系，而是朋友关系。""总统是靠不住的，班主任也是靠不住的。咱有集体的智慧和意志，以及体现这智慧和意志的制度，也就是班规，这才能保证我们班逐步成为一个优秀的班集体。"

把班规制定的过程变成对学生进行民主精神启蒙和民主实践训练的过程，是李镇西的班规能顺利执行的前提。（河南省济源市第一中学 秦望）

第二，制定班规时，遵循民主性原则

在德国很多小学教室的墙上，可以看到许多图画。在当地著名的一所小学，我们曾经就图画的意思问一个一年级的小学生，他告诉我那是"不要打架"的意思。就这个话题，我们询问了这所小学的校长，他说各班的制度是由孩子讨论而定的。比如，在学校不打架，不大声喧哗，同学要互相关心，等等。规则定下来后，请孩子们一起画出来，然后找出最好的挂在墙上。大家认同的下边有个"√"，大家都不认同的图画上会有个大大

的、红红的"×"。

班规要代表大多数学生的意见，制定班规时可以先征集学生的意见，然后汇总。班规应该是班主任的意见和各类学生群体意见互相妥协的产物，成文后要经班级三分之二以上学生签字同意方可生效。

班规中一般用这样的条目表明："本条例对本班有效，所有班级成员（包括班主任）都必须遵守。""本条例修改权属于班级大会，由班主任、班委会或四分之一同学提议后可以修改。"

2. 可操作性原则

我们制定班规的时候，应该避免空洞的口号，要有具体的行为要求。制定班规要遵循可操作性原则，让学生明确什么该做、什么不该做。比如"节约水电"，必须制定出具体的措施，怎样才算节约而不是浪费。比如打篮球，本是健康的体育活动，而过分沉溺就会得不偿失，学生怎样把握这个度，需要做出具体的规定。

下面我们看一看美国罗恩·克拉克的55条班规（部分）。

克拉克先生的班规涵盖了餐桌礼仪、积极心态培养、学习生活中的感恩等青少年成长的方方面面，显著特点就是具体可行。

> 与人互动，眼睛要看着对方的眼睛。
>
> 别人有好的表现，要替他高兴。
>
> 别人送你任何东西，都要说谢谢。
>
> 做什么事都要有条理。
>
> 老师在指定作业的时候，不要叫苦。
>
> 不可以上课上一半，起身去倒水。
>
> 见到每个老师，都要说某某老师好。
>
> 不要帮同学占位子。
>
> 同学受罚的时候，不要看着他。
>
> 吃完饭，自己的垃圾自己处理。
>
> 认识新朋友，要记住对方的名字。

吃自助餐，或与人同桌，取菜不可贪多。

进门时，如果后面有人，帮他扶住门。

别人碰到你，不管有没有错，都要说声对不起。

进行校外教学时，无论到哪一个公共场所，都要安安静静。

3. 奖惩并重原则

同一办公室的张老师在班里制定了一部班规，并采用了班主任们普遍使用的量化加减分办法，可实施效果并不理想，有的同学对量化分漠然置之，班规形同虚设。后来，他又想到惩罚，罚站、罚跑步、罚做俯卧撑、罚蛙跳……但推行起来不仅班主任累，而且阻力重重。那一天，有一个性格倔强的学生就是不接受惩罚，张老师气得差点和学生打起来。

我们的制度往往不厌其烦地对学生提要求，罚的项目覆盖学生从校内到校外的方方面面，全方位约束学生的言行举止，非常详尽，却缺乏具体、明确的评价激励制度，即使有奖励，也相对狭窄很多：学习成绩出色或进步很大，为集体做出贡献或带来荣誉，或有突出的表现。这部分内容只涉及少量学生的少量行为，而且从分量上看，罚得重而奖得轻。绝大多数班规都以操行 100 分为基数。这样以满分为基数，显然就会罚多奖少了。而有一则班规将德育分从以 100 分为基数改为以 80 分为基数，每周加减清算，奖励的空间就留得大了。

只要求学生做到什么，对做得好的人却不够重视，这样的制度只会让学生感觉被管，从而产生抵触情绪。因为学生按时按量完成学习任务，遵守校规校纪，本身就是要付出努力的。这样的努力看似平凡，却值得鼓励和肯定，是学生未来成为遵纪守法的社会公民的行为习惯基础。

4. 权利义务配合原则

从利益调整机制原理来看，权利和义务都是最有效的手段。权利以其特有的利益导向和激励机制作用于人的行为，义务则以其特有的利益约束和强制功能作用于人的行为，只有将二者有效结合才能影响人们的动机，引导人们的行为。对于班级制度而言，应以体现权利为主，辅之以必要的义务，充分发挥权利和义务的双向协调功能。下面的案例就体现了这一原则。

卫生工作承包招标会

在我的班级里，值日生工作是学生自主选择的，包括时间、岗位。我们列出一张菜单式的卫生工作表，让学生根据自己的兴趣、需要自行领取。岗位按人数划定，也就是说，每个人必须选择一项，这就是义务，少了谁，卫生工作都会有缺漏。但是，选择什么样的工作，却可以有自己的自由。选择工作采用招标会的方式，每名学生都会领到一份招标书，研究过后，圈出自己想做的工作。在开标的第一时间，举牌示意，拿下自己喜欢的工作。

有人担心，如此自由选择、先到先得的原则必然出现这样的结果：轻松的工作被一抢而空，重活儿累活儿被留到了最后，扔给了反应慢的老实人。但事实正好相反，由于每项工作都有悬赏分作为杠杆，任务重的工作悬赏分值也高，因此，不同的人就有了不同的选择动机。反而是最重的一批工作被最先抢走，留到最后的却是比较轻松的工作。

类似这样的工作招标会，在我们的班级里已是一种常态，这种方法实质上就是尊重了学生的选择权利并加以制度保证，实现了"责、权、利"三者的统一。即，我必须做什么，我可以做什么，我做得多得到的回馈也多。

总之，班级里学生的义务和权利都要用制度的形式确认。如，你有权在教室里拥有一个座位，听课、学习，但是，坐在哪里不是由你说了算。在自习课上你有权利看任何你喜欢的书籍，但你无权随意说话影响别的同学，等等。（江苏省南京市第三高级中学　陈宇）

5. 人文性原则

制定班规不是为了压制学生，而是引导。有的班主任制定的规章制度很细，细到每个时间点该做什么，不该做什么；宿舍怎样，班级怎样，在校园内怎样；怎样奖励，怎样处罚。可执行一段时间后，明显觉得不对劲，学生当面一套背后一套，为什么？因为我们忽视了学生的情感，漠视了学生的感受，忽略了学生的立场。比如，有班规要求教室里没有声音，好玩好闹是孩子正常的天性，这样的班规怎能让学生心服口服？

班规应着眼于学生的长远发展，不仅要告诉学生怎样做会有奖有惩，还应告诉学生怎样做才对自己的发展有益处，原因是什么。班规的制定若仅仅为维持班级目前的正常秩序，就会导致"教师只关心如何矫正学生表现出来的形形色色的错误行为与利己意识，学生只关心如何表面地、形式地维护制度，班长、班委会只从事监视活动，行使的是警察的职能"。学生很难具备健康的心态，可能会对在有人监督的情况下不得不遵守的一些规章制度充满怨愤，从而在无人监督的时候表现出反制度的行为。

（二）制定班规的程序

1. 确定范围

（1）班规的基本构成

班规应该有一个基本大法，如《班级公约》。班级大法并不需要面对很多具体问题，只需要解决班级战略性的问题，具体问题则留给下设的不同制度来解决。一般来说，应包括组织制度、学习制度、集体活动制度、财产管理制度等。

组织制度包括班委组成、岗位分工、班干选举、班干评议等涉及班级管理组织结构方面的规定。

学习制度包括学习目标、课堂纪律、学生预习和复习、练习、作业、考试、奖学金评定等方面。

集体活动制度是组织和参加集体活动时应遵循的基本要求和要达到的具体目标。

财产管理制度是学生使用学校的公共财产时应注意的事项和损坏公物

后的处罚措施。

此外，还有卫生制度、考勤制度、作息制度等。这些制度都不是孤立的，在制定过程中要紧紧围绕班集体总目标进行，要做到各项制度相互协调、一致，不能相互矛盾。

（2）优先制定

接班之初，班主任可以把常规工作进行分类，先建立首要的制度和规范，让班级运行起来，然后再慢慢充实。以下几项制度需要优先制定：课堂纪律制度、卫生值日制度、自习课纪律制度、作息时间管理制度。而后再根据班级发展的进度进一步修订和完善。

（3）专一分类

每项制度只解决班级一个方面的问题，不要把所有的问题都希冀通过一个制度解决，每一个问题都蜻蜓点水般提一下。

（4）制度好坏不在于数量

一个班级到底需要什么样的制度、需要多少制度，不仅因班级的实际情况而不同，也与班主任的带班理念和业务水平相关。在一些实施精细化管理的班级中，班规可以多达几百条，整个班级像一部配合紧密、构件优良的机器，可以保持高效运转。而有些主张"放养"、"无为而治"的班主任，并没有多少制度，班级也管理得不错，发展良好。由此可见，班级制度的好坏不在于数量或条款的多少。

（5）循序渐进

班级制度同时全面出台是不现实的。要一条一条地出，一条一条地落实才稳妥。必须根据班级实际情况，每次出台一条或几条，坚持落实，让学生形成习惯后，再出台新的规定。要由少到多，由简到繁，用一两个月甚至一个学期的时间渐次出台，渐次形成习惯，直至形成一套涵盖学习、生活方方面面的，比较完善的规章制度。

2. 发动学生

告知学生要制定哪几个方面的班规，由学生自己起草。为了避免学生信马由缰，可以规定每个方面的条数。或者采取更为委婉的做法，让学生以周记的形式表达意见。若是老班，可以以"班级的优点及需要改进的地方"为题；若是新班，可以以"如何使班级更好"为题。

3. 归纳总结

班规的诞生虽然经历了民主产生的过程，但离不开班主任的指导。定班规不能绝对民主，也不能绝对集中。班主任可以并且应该就学生拟出的班规补充意见。

班规的表述宜具正面意义，告诉学生"该如何做"，而不是"不可以做什么"。比如，"上课不可以擅自说话"，应该表述为"上课发言前先举手"。

4. 公示征求意见

组织学生对班规草稿展开讨论，或者下发一个意见表，分组呈现书面意见。每个条款要经班级三分之二以上学生签字同意方可生效。

5. 成文

新班主任因为没有这方面的经验，可以参考一些优秀班规的模板，形成基本框架，然后加进自己班级的条款。措辞严谨、行文严肃、结构合理，能增加班规的权威性。

6. 宣传

班级公约成文后要加强宣传，使学生耳熟能详。班主任最好专门用一节班会来对班规做解读和宣传。还可以在班级做一块宣传栏，学生人手一份纸质公约。

班规的展示以能替换为佳。如果常年将班规粘贴在同一地方，学生就会熟视无睹。根据班级情况增加或者减少条款，或者标示出需要重点注意的地方，都可以增强班规的存在感。

四、班规为什么会失灵

【困惑】班规为什么会失灵

我曾经在一个学年中三次制定班规。每次执行不到一个月就形同虚设，班级管理陷入了人治的怪圈。我每天忙于处理各种琐事，疲于奔命。

班规每次都执行不下去，不得不让我深思：是什么原因造成依法治班难呢？

【为你解惑】一流的班规不如一流的执行力

总有不少班主任，制定的班规或者执行不下去，或者中途流产，尤其是新班主任，很多班规内容都借鉴其他老师的成功经验，但是为什么难以长期执行呢？主要是执行力方面有很大问题。

（一）班规由谁来执行

案例 1

最近一段时间以来，班规成了我们班的热门和中心话题，每一节课几乎都会有关于违反班规的报告和在执行中出现问题的报告。这些问题困扰着班长及责任人，同时，也困扰着我。指定负责人容易，但让具体工作顺畅就不是一件容易的事。现在的孩子是非观不是很强，而且处理问题时容易对人不对事。这就需要老师在下面做大量的思想工作。这一步做不好，尽管老师能压制学生，但负责人不能服众，仍然起不到好的作用。

关于违纪的界定，老师应掌握一定的主动权。学生年龄比较小，是非观不很清楚。比如，不能给别人取外号、不能叫别人的外号。有些同学时常对班长、负责人或老师告状，说某某同学叫他的外号，但被告状的同学不承认，怎么办？我就让班长、当事人及证人一起来澄清事实，确实叫了，认罚并赔礼道歉。如果没有证明人，似是而非，就当着当事人和班长、负责人调解，直到大家都能接受，并保证以后不再出现类似的事情。但也会出现在事实不清的情况下班长、负责人冤枉了个别同学。这时只能在调查清楚后安慰被冤枉的同学，但必须当着所有学生的面对班长、负责人进行批评，并向该同学表示歉意。所以，在这个问题上，太放手会引起同学们的不满。（摘自LIYW的博客）

案例2

制定了班规的评分表格之后，班规量化工作正式开始。第一周的值日班长主要由班委会成员担任，而后全班同学轮流任职。班规实行了一个月后，我和几名班委同时发现，轮流值日固然体现了民主和参与的精神，但是有些同学管理的能力和勇气不足，这使得有些时候值日班长名存实亡。因此，在班委会成员的一致同意下，由全体同学共同选举出五位固定的值日班长，从周一到周五固定值日，并且在班规中进一步明确了值日班长的职责和每日应该到位的时间。果然，在固定的值日班长的管理下，班规的效果进一步发挥出来了。每周五都会由中队组织委员汇报一周班规的情况和各位同学的得分。然而，一段时间过后，我又发现，单一的汇报和点评力度仍不够，尤其是不足以提醒个别行为规范和习惯较差的同学，班规的得分并不能够给予其应有的警示，而得分最高的同学也没有在班里起到带动作用。基于这一点，召开班委会，并由班委会同学带头在全班讨论，如何奖励及提醒班规评分中最高和最低的同学。最终有同学建议，对每周总分排在前三名的同学以班级的名义给家长发一封表扬信，以示鼓励。而得分最低的几名同学我会找他们谈话，必要时联系家长。

班规由谁来执行？班主任说了算，班级管理最终解释权在班主任，显然不可取。但是，完全由学生来执行的做法恐怕更不合适。执行班规，处罚是免不了的。处罚涉及方式方法、尺度把握，处罚对象对错误的认识水平、心理承受能力以及需要做细致的思想工作问题，等等。班规的执行主体应该是全体同学和老师，每人履行自己"那一部分"的职责。每一条班规都有相关的负责人负责监督和执行处罚，才是真正意义上的"法"治。

（二）依规被罚，学生不服

班规虽是学生民主制定的，但"事关己时心绪乱"。有些学生一旦发现自己被扣分，就会怨天怨地、胡乱指责。怨规定不公平，怨评价人员心不公，把失分归罪于他因，久而久之，会产生抵触心理，排斥班规。因此，教师要适时加以引导。

可以采用两种方法。一是个别谈心。让学生畅所欲言，道出不满和疑虑，让他提出自己认为更合理的评价建议。教师要针对学生的建议，进行耐心、细致的解释，使其心悦诚服，认识到不论班规还是评价人员，都是公平的。二是民主讨论。在班会或者小组会上展开讨论，让众人共同进行说服工作。但要注意的是：班规若确有不妥之处，要及时加以修改；评价人员若确有不公之事，要适时进行教育甚或撤换。总之，要让全体学生真心地承认，班规对每一个人都是公平的，评价人员都是公正执法的。

（三）出现问题，遭遇班规空白

我们班曾经发生过这样一件事。有一次，丹丹偷偷地把她妈妈的手机带到教室来，并在上课的时候拿出来玩，同学报告了我。

在制定班规的时候，我没有想到七年级的学生会把手机带到教室里来，所以没有规定学生不能带手机到教室。这件事情该怎么处理呢？我把纪律委员找来——班规的一些漏洞都是她最先发现并建议修改的。我问她："怎么办？"

她说，我们可以按班规有关课堂纪律的第一条——"上课（晚自修）不准睡觉、说话、倒水、吃东西、听 MP3、转书、转笔、做小动作、随处走动、看课外书、不认真听讲。违者每项扣 2 分"来处理，丹丹在做小动作，没有认真听讲。

对啊！我把丹丹叫到教室外面，问明情况属实，然后对她说："按照班规处理。"

她一头雾水："班规没有规定不能带手机啊！"

我告诉她："你没有认真听讲，在做小动作，按照班规关于课堂纪律的第一条，得写500字的'事件说明'。我并没有对你带手机的事进行处理啊！不过以后你还是不要带手机的好，万一手机丢了呢？要是让你父母知道你偷拿他们的手机并弄丢了，会怎么样？"

她想了想，班规里是有这么一条，也就接受了我的处罚决定，同时对我没有追究她带手机的事很感动，表示以后一定认真听课，再也不会把手机带到学校里来了。

下午，我利用课业整理的时间，和学生一起讨论、修改了班规。针对学生使用手机的情况，我们明确规定："手机尽量不带到学校。如果父母允许使用手机，上课时间一律关机，更不得用手机玩游戏。"同时，对班规里没有明确规定的、其他可能出现的一些情况，也做了必要的修改和补充，从而使班规进一步完善了。（浙江省天台县屯桥中学 郑光启）

在这个问题上，老师的做法可能有两种极端。一种是消极法律派，认为既然班规里没有，就不应该对学生进行相关处罚，这是典型的教条主义。一种是强权派，主张先给学生以处理，然后再解释为什么，并把这些意见补充进班规，这实际上是人治。我认为这两种方式都不是很正确，最好的办法是借鉴法律上遭遇空白时按照立法精神（或者说立法原则）来处理，即按照我们的班规所提倡的方向来处理。打个比方，现在很多学生使用手机，手机能不能够带进课堂？原来在班规中没有明确规定，现在该怎么办？如果班规的目的是维护安静、协作的学习环境，那么就可以要求孩子们：你们可以使用手机，但进教室后手机必须处于关机状态；在寝室里，通话不能够影响其他人休息和生活，更不能用手机来玩游戏。（湖南省邵东县两市镇第一中学 郑学志）

（四）班规总有人不遵守

不少班主任都幻想：制定了班规，人人照办，于是班集体旧貌换新颜……事实上，很少有这种事情。一个新制定的班规，绝大多数人能够执行，少数人偶尔违反，个别人经常违反，这可能是最正常的情况。如果一个班规出台后无人违反，很可能说明它的要求太低了；如果一个班规出台之后违反的人数超过四分之一甚至三分之一，可能说明这个班规要求太高了，是脱离实际的。恰到好处的班规是那种大多数人能做到，少数人违反，然后通过教育处罚等手段，把违反班规的人数减到最少，这才是真正有用的班规。班规到了无人违反的时候，它的生命就结束了，或许又该制定新的班规了。（北京教育科学研究院基础教育研究所　王晓春）

（五）一成不变，难以促发展

班规应该具有发展性，随着学生年龄和心智的成长而发展变化。每个班级在每一个学段、每一个学年，特点都可能是不一样的。学生有进有出，成员有了变化；学生在成长，有的进步，有的退步，结构有了变化；学生的兴趣、爱好会转移，个体的意志品质会转变，年龄特征有了变化。因而，不同年级段的班规应该有不同的内容、不同的奖惩手段，显现不同的语言特点。立足于班级实际制定的班规也应该不断发展变化，彰显班级的发展与进步。此外，常让学生参与讨论班规，其实也是在提醒学生班规的存在，从而使班规更好地发挥作用。

（六）朝令夕改，不具权威

今天险些干了件蠢事。早晨值日班长向我反映，说其他任课老师提意见了：没有人擦黑板。嘿，这是小事，但还真不好办。发动学生吧，新建的班级，而且看那架势，同学们也没啥"为班级服务"的意识。轮流？一个月换一次位置，怎么轮流啊？于是，我就和卫生委员商量了一下，决定把班规规定的迟到者扫地两天改成：迟到者擦黑板。卫生委员领命而去。上午一直在上课，到中午我一想：不对劲，这岂不是"朝令夕改"？班规已经贴到墙上去了，这样改来改去，班里的事情还怎么搞？往后我说话还有啥威力？有谁会认真听一个对一件小事改来改去的班主任的话？我不由得出了一身冷汗。跑到班里找班长和卫生委员一问，幸好这件事还没有当众宣布，善哉善哉！和其他班主任商量了一下，有人说："那好办，谁当'值日班长'谁就擦黑板呗，全班轮流当，也就是全班轮流擦黑板。"我一听，妙计。叫过班长，如此说了一番。此时，我才稍微放下点心。经此教训，我的体会是：说话前一定要再三考虑，否则收都收不回来。另外，已经制定的规则，除非已经明显看到弊端了，否则不能改动（那也要经过全体讨论），千万不要轻言"废立"。带着一身冷汗，与大家共勉。（k12，新来的笨笨熊）

有的班规中这样规定："本条例修改权属于班级大会，由班主任、班委会或四分之一同学提议后修改"，"班级大会为班级最高权力机构，所有重大的原则性问题和事务都需由班级大会表决，过半数赞成通过"，"班级大会有对班主任的提议权和监督权，可以否决班主任不恰当的决定"。这样就保证了班规的权威性和持续性，避免班主任的一言堂和冲动性决策。

有些新班主任基于种种原因，经常一个学期制定多次班规。发现班规漏洞，及时补充固然很好，但现实情况有时是班规在修改过程中一次比一次严厉，致使学生渐生抵触情绪，不利于班级的建设与发展。班规并不是灵丹妙药，班级建设，离不开班主任的爱心和智慧。

（七）比班规更重要的是爱和智慧

周一下午的班会上，值周班长在对上一周的日常行为量化情况做总结。"星期一，小舟上课说话，被数学老师点名批评，扣两分。星期三，小江上课传纸条，被老师批评，扣一分。星期四，小刚上课睡觉，扣一分……"

"本周德育量化后三名是小刚、小江、小舟。"

按照我班班规的奖惩规定，后三名的学生情况要通过校信通向家长通报，小舟所在的小组总分倒数第一，被罚做一周值日。

可是，到第二周、第三周，小舟依然说话、打闹、不交作业，量化总分依然在最后三名。组长来告状："老师，把他调走吧，要不然我们组得天天扫地。"

看来，班规管得了他们的身，管不了他们的心。像小舟、小刚这样的学生已经不是靠简单的扣分、惩罚就能解决问题了，他们需要班主任做深入细致的思想工作。

我把小舟作为重点突破对象。深入了解情况后得知：他的父母很早就离婚了，各自组建了新的家庭，而且又都有了各自的孩子。可想而知，谁还有时间管他？

所以，他跟着年迈的爷爷奶奶生活。据说，小舟在小学已经开始吸烟、喝酒了，上课说话，下课吃零食，自习课下座位，不做作业，不穿校服，走路吊儿郎当，几乎学生所有的不良习惯他都有。这样的学生会把班规放在眼里吗？

我静下心来，变换策略。我想：他最需要什么？爱！于是，我真诚地给他写了封信，在信中，我说："平时批评你很多，可能你以为老师会很讨厌你，其实你是老师最心疼的同学，因为你缺少母爱。我也是母亲，知道对于一个孩子来说，最重要的是什么。"

"老师无法改变你的家庭，无法改变你的父母，但我非常想改变你，想让你成为一个阳光的男孩，充满朝气、乐观地生活，勤奋、刻苦地学习，快乐、健康地成长。那时，你将是一个多么可爱的帅小伙儿呀！"在信的最后，我说："上天是公平的，当它让你有所缺失时，一定会对你有所补偿。但老师要告诉你的是：天下没有白吃的午餐！不幸的孩子成才的很多，幸福的孩子不成才的也很多！望我心疼的小舟快乐成长！"

看到这封信的时候，这个孩子掉泪了，第一次在我面前低下了头。此后，他开始明显好转。不久，他强烈要求家长和老师给他请家教。期末成绩从年级的 754 名提升到 661 名，进步 93 名。

班规之外更需要智慧。

我们班有一群精英女生。全都是班干部，第一批团员，学习勤奋，都是我特别喜欢的优秀学生。在班里，她们还各有一群"粉丝"，是班级的骨干。没想到，上学期她们开始明争暗斗，拉帮结派，班里涌起一股暗流。这是在优秀的群体中，尤其在优秀的女生群体中易产生的现象。

该怎么办？用班规处理她们吗？我没有依据，班级量化评估的主要权力掌握在她们手中，班里每周德育量化分数最高的还是她们几个。按照班规，每周我还得发短信给家长，表扬她们。

我意识到，真正考验班主任功力的时候来了。正是这些班规触及不到或无能为力的地方，才是最需要班主任运用教育智慧的地方。我得尽快处理好这件事情。

我用了两周时间，谨慎而严肃地处理这起拉帮结派事件。我把这件事列为"最影响班风的事件"，但是在公开场合只字没提。为什么呢？孩子的面子需要维护。班干部的威信需要维护，这些孩子，她们在班里还要领读英语，还要领操，还要做值周班长，我必须维护她们的威信。我能够做的，就是在课下逐一找她们单独谈话，谈竞争、谈嫉妒、谈善良，也谈我对她们的喜欢和失望。谈话的时候，我常常把自己融入学生的角色中去，所以，我的话她们很愿意听，也很能够打动她们。

我告诉她们，人字一撇一捺，就是互相支持和依靠。因为团结和依靠，人才能够堂堂正正地做人。如果互相嫉妒、互相拆台，把"人"的一撇撤掉了，另外一捺不就倒下去了吗？深入沟通之后，孩子们深刻地认识到了心胸狭隘的害处，也深刻地认识到了如何做一个大写的人。一个星期之后，问题顺利解决，她们很快和好了。（河南省安阳市第七中学　王莉）

用班规管理班级，并非唯制度论。班级管理是做人的工作，规则不能解决现实问题的时候，对班主任来说就是一种智慧的考验。班规作为班级管理的一种手段，其作用有限。班规是一种外在约束力，在培养学生行为习惯方面起强制作用。学生是被动执行者，对其而言是"要我做"。外力约束需要监督机制来保证实施，内在信念的约束才是促使学生养成良好习惯的根本。学生是在信念支配下的主动实施者，对其而言是"我要做"。从被动到主动的过程，是引导学生从他律走向自律的过程。因此，运用班规要和思想教育、心理疏导等方法相结合。

（策划　汪媛　班主任之友杂志社）

中 编
做一个老练的班主任

班主任工作事务性的内容很多，是被动应付还是主动出击？如何让琐细的工作得心应手，有滋有味？提高班级管理水平，做一个足够专业的班主任，是一个循序渐进的过程，是一个精益求精、追求卓越的过程。

第五章　好的班干部是怎样炼成的

在传统德育观念中，班干部是学生的带头人，是班主任的好帮手，其立意在于一个"用"字。新的德育观点则认为，班干部更应是学生谋求自身发展和教师进行育人活动的平台，其立意在于一个"育"字。

一、什么样的学生适合做班干部

【困惑】什么样的学生适合做班干部

没当班主任的时候，觉得很容易，与学生打交道简单，很有趣。也听那些老班主任说班主任工作复杂、千头万绪，我总不信。当了一个月班主任，我开始相信老班主任的话了，当初所认为的容易、简单、有趣，全部被烦恼替代。我们班男生占全班人数的60%，调皮者居多。刚开始，我按惯例挑选德智体各方面优秀的学生担任班干部。原本想让他们成为自己的得力助手，管理好班级，减少自己的工作量。可是这些学生根本管不住班里的几个刺头。相反，自己还有被带坏的可能，弄得我很被动，不知道怎么办才好，更不知道要选用什么样的学生当班干部，才能管理班级。

【为你解惑】三个维度，更新理念，善于发现

班干部，顾名思义，就是班级学生干部。为了更准确地把握这个概念，

探析班干部选用机制的转型，我们可以从三个方面来进行解析。

首先，从班级的维度来看。作为最基层的教育实施单位，班级承载着学校教育的所有责任与希冀。传统意义上的班级就是一个行政管理单位，但是在新课程改革的进程中，班级已经从"班级"走向"班集体"，从"阵地"走向"舞台"，成为一个以责任、成长为纽带彼此联结的、具有内在教育生命力的有机体，成为一个以人为中心组织起来的大家庭。为此，必然要突破传统班级仅是教育管理组织的角色定位，使班集体建设与发展本身也成为一种教育活动，成为群体与师生个体以及个体之间互动与发展的教育载体。

其次，从学生的维度来看。传统的德育基本秉承赫尔巴特"以学生的可塑性作为其基本概念"的人性假设，主要表现为物性教育。班级管理的任务就在于完善各种管理制度并强化对学生的控制。它追求的是教师预设结果在学生成长过程中最大程度的还原。学生作为"人"的本性被遮蔽，只是作为"被设计"、"被控制"、"被成长"的"物"而存在。然而，在当下，学生的主体意识日益增强，他们迫切需要打破自己的物性身份，成为一个真实的人的存在；他们渴望自己在与班集体的对话、交往中发现自己，定位自己，成就自己。基于此，班干部不再只是简单的职位，更是学生在班级发展中展现自我的平台。

最后，从干部的维度来看。在教师的话语中，学生干部是上通下达的桥梁，是学生的榜样，是教师的助手。可是，在实际操作中，学生干部很难保持中立，基本上成为教师的代言人，加之受到"说起来是公仆，做起来是老虎"的官僚作风影响，很多学生干部难以摆脱"传声筒"、"小报"、"狗腿子"的恶名。然而，在学生干部的心中，这恰是他们不能承受的。作为学生，他们更渴望成为学生话语的代言人，他们需要成长的伙伴，他们渴望与同伴合作共赢。

由此可见，从班级的功能转换到学生对"我"的发现，再到学生干部的角色诉求，都在推动班干部选用与培养机制的转型。

什么样的学生适合做班干部？这个看似简单的问题蕴含着深层的教育

追求。笔者以为,班干部对于学生的意义在于,学生不是为了在班级中争取某个位置,而是要在集体中找到自己的正确位置;班干部对于班级的意义在于,班级不是出于管理需要设置一些岗位,而是出于学生成长的需要创设岗位来育人。

(一)教师如何去发现班干部苗子

作为新班主任,我们在面对一个新班级时,心中肯定会有自己的班干部人选条件。那么,从一般意义上讲,教师需要做些什么呢?

首先,教师要有大爱之心。即教师要去除班级管理的功利心,去除个人喜好的偏爱心,只留下促进学生优质发展的进取心与宽容心。具体来说,其一,要坚持以赏识的眼光看学生,从班级学生的发展欲求和素质状况出发,设置一些适合不同潜质学生发展的新型岗位,最大限度地调动和发挥学生的潜质。例如,除了班长、体育委员、学习委员等常规岗位之外,还可以增设板报项目组长、卫生监督员、学校联络员等。其二,班干部的选拔要克服教师的偏爱心理,坚持实事求是的原则,客观评价每一个学生,给学生均等的参与机会。其三,对每一个班干部的成长要留出足够的空间,以师爱宽容孩子成长中的徘徊。学生作为未成年人,处于不断成长和完善的过程中,因此,教师对班干部候选人要有一颗包容心,给予其成长的空间。

一本漫画书引发的思考

钱老师是一位语文教师,为人非常正直。作为班主任,她对学生的品德要求很高,她的名言就是"先做人,后为学"。有一天,历史老师在课堂上没收了学生的一本漫画书,其中还有一些不雅图片。钱老师对此非常生气,决定找出漫画书的主人,给予严惩。她先找来班长了解情况,班长只说了经过,称并不知晓书的主人。于是,钱老师开始了烦琐的排查工作,结果让她很是受伤,因为这本书就是班长从邻班借来的。一怒之下,钱老师在班上宣布,撤去他的班长职务,并希望他和全班同学吸取教训,学会做人。然而,事与愿违,这个同学并没有像钱老师想象的那样悔过自新,后来却成为令钱老师最头疼的小群体领导人。

作为学生干部，良好的道德素质是必需的。然而，作为一个未成年人，成长才是主流。案例中的钱老师虽然一腔热诚，一身正气，但对班干部成长中的复杂性缺乏理解和必要的心理准备。班干部不是拿来就用的完美成品，而是需要班主任尽心呵护、精心培育的半成品。作为班主任，我们需要的恰是这样的耐心与宽容心。

其次，教师要有智慧之眼。即教师要学会以教育的智慧去发现学生的成长需要，激扬学生的成长需要。具体来说，其一，教师要做观察者，通过细致的观察明确学生的成长状况。在选择班干部的过程中，教师要利用开学之初的一些具体活动，如集会、军训等，重点观察自己有初步意向的学生，了解他们在集体生活中的真实表现。其二，教师要做调查者，以科学的方式去了解学生的成长需要。接班之初，教师可以设计一份体现自己教育目标的学生信息表，组织学生填写，积累第一手资料。调查表的内容包括学生的基本信息、家长信息、学习诉求、能力自述等。其三，教师要做访谈者，以坦诚的沟通激发学生的成长欲求。对话，是增进了解的重要途径，教师在确定初步班干部人选的基础上需要与学生进行一次有针对性的对话。必要的时候，还可以进行家访，以便更加全面地了解学生；同时向学生传递积极的信号，那就是教师对他的期待。

一块抹布的分量

今天是高一新生报到的第一天，可是，当班主任王老师提前15分钟走向教室的时候，已经有很多学生早早在教室中等候了。王老师走进教室，喧闹的人群一下子安静下来，王老师提议同学们去找些工具把教室打扫一下。此时，有的人原地不动，有的人出去找工具，有的人又恢复了聊天，只有一个瘦小的女孩从书包里拿出了一块抹布，开始依序擦桌子。这个女孩的行为让王老师眼前一亮，后来，她顺理成章地成为王老师班上的班干部。

一块抹布的重量很轻，但是在王老师的心中，它的分量很重。因为，抹布折射出这个女同学是一个心中装着集体的人，是一个有准备的人。案例中的王老师善于观察，对学生细节表现的准确把握，为班级找到了一个好的班干部人选，更为这样的学生提供了发展的平台。事实上，在班级建班之初，班主任不仅需要多与学生在一起，更要学会在与学生的相处中发现学生的优点，引导学生成长。

（二）教师如何从学生成长的视角确定班干部人选

从学生的角度来看，什么样的学生才适合做班干部呢？一般而言，班干部首先应是一个好学生。基本素质包括：思想素质高，关心集体；学习成绩好，有感召力和凝聚力；组织纪律性强，有一定的管理能力等。然而，从班干部选用的角度来分析，学生眼中的班干部人选则具有更多的学生视角，这也是我们班主任需要关注的问题。具体来说：

其一，就学生来看，每一个人都有成长为优秀班干部的潜质，只是很多人缺少勇气与机会。因此，班主任要善于通过各种方式激发学生的内在成长欲求，创设更多的平台，让更多的学生有展示自己、成就自己的机会，而不是期待着成熟班干部的自然产生。如设置班干部在评优中的优先权、班干部在日常事务中的部分豁免权等。

其二，就学生来看，人无完人，一个人只要能发挥长处，为班级贡献力量，就可以成为班干部。因此，班主任在班干部人选的确定过程中，要学会用人所长。简言之，就是发挥学生的长处，以点带面，实现全体学生的各尽其能，而不是以班干部之名对学生进行约束。例如，让成绩优秀的学生做学习委员，不在于进一步激发学生的学习热情，传导好的学习方法，更多的是希望他在搞好自己成绩的同时学会关心集体；让一个体育特长生做体育委员，不仅是希望他借此学会自律，而且希望他在课余时间带领大家搞好体育活动等。

失灵的妙方

在王老师的班上，有一个学生特别不喜欢做眼保健操。每次做操，他不是上厕所，就是收拾书本，或是跟同学借东西，已然成为班上眼保健操扣分的重要原因。于是，王老师灵机一动，想到另一个妙方。她决定因人设岗，安排这个同学担任眼保健操监督员。这样一来，他有了不做操的正当理由，而且还可以监督别的同学认真做眼操。刚开始的一段时间，确如王老师所想，这位同学很卖力，但时间一长，他就失去了兴趣，不仅不管理同学，而且主动逗别人讲话。王老师陷入了左右为难的境地：撤掉他，担心他破罐子破摔；不撤吧，他又是扶不起来的阿斗。

这个案例折射出的班主任心态具有一定的代表性：对待班干部拿来就用，而且多数不是用其所长。在这个案例中，一方面，这个孩子自己感受不到眼保健操监督员工作带来的乐趣，只是满足了偷懒心理，或许一开始，他还会沾沾自喜，但时间长了，他就会觉得很无味。另一方面，这个安排对其他同学更是一个错误的暗示，那就是班干部不是谋求自身发展的平台，而只是一种别样的惩戒方式。通过这个案例，我们不妨重回设置班干部的本意，那就是，班干部是为了促进学生成长的平台而非压制学生的枷锁。作为教师，我们无法也不应该奢望寻找到一群十全十美的优秀班干部，而是要通过更多细致的工作，深入地了解学生的潜质与品质，去发现那些"业已发现或是试图发现自己"的学生。因为，唯有自我发现的学生才有主动成长的欲求，才能更好地担当起班干部的重任。

二、班干部通过什么方式产生

【困惑】班干部通过什么方式产生

班干部到底通过什么方式产生呢？

任命吧，怕学生觉得不够民主，也怕自己看走了眼；普选吧，怕学生选得不够公正，选出来的班干部，人缘虽好，但工作能力差；自荐吧，万一不想用，岂不是让学生觉得老师说话不算话？

我该怎么办？

【为你解惑】信任激发，依据班情，渐进而行

总体来说，如何选拔班干部的问题是一个权力分配方式的选择问题，也是一个责任分解方式的选择问题。笔者以为，班干部选拔的核心要义是以教师的信任激发学生对责任的自我担当，使其成为自觉的管理者和成长者。从过程的角度来看，这个权力分配与责任分解的过程是渐进的。据此，可以将其归纳为三种常见形态，即班干部任命制、班干部普选制和班干部自荐制。

（一）班干部任命制

顾名思义，就是由班主任根据自身掌握的情况，指定某些同学担任班干部。在这个选拔机制中，班主任掌握绝对的选拔权力，学生几乎没有选择权。这个机制一般用于班级建班初期，或是对特殊学生干部的培养。

操作说明：这个选拔机制需要教师做好充分的前期准备工作。一般而言，教师可以通过查阅学生档案、个别交流、活动观察等途径，充分了解学生的能力状况和发展欲求，初步确定 3～5 名班干部意向人选。在此基础上，可以安排这些同学在开学前的某些活动，如迎新黑板报、大扫除、军训、衔接教学等中，临时担任班委工作，以便进一步考察。开学上课的第一天，班主任宣布班干部的正式任命。从工作的角度来看，任命制中的班干部岗位不宜设置过多，一般只设置班长、体育委员、劳动委员等必需的职能岗位。

注意事项：班干部任命制是权力分配的原初状态，即教师掌握所有的权力，并完全遵从自己的意愿将权力委托给班干部，这也意味着教师承担所有的责任。为此，要用好这个选拔机制需要教师做好大量的前期工作。具体而言，其一，班主任的前期调查和访谈工作要充分，而且要客观、公正，不能单纯地以成绩取人，或是因个人的喜好来决定。其二，在班干部

意向人选的确定中，要充分考虑学生以前的班干部工作经历，但不能唯此定论。对重点对象，教师可以电话联系他以前的班主任，了解他工作的真实情况，也可以做些面对面的交流和家访。其三，要充分借助开学前的活动，全方位地观察学生，并尽可能多与其他教师、职员、教官沟通，以便更准确地把握该学生的品质。其四，对任命的班干部要给予全面的支持和帮扶，协助其树立在学生中的威信。

适用班情：此种班干部选拔机制适用于初一、高一的起始班级，此时的学生，彼此缺乏交往，相互了解不够。在这种情况下，由教师来直接任命能够较好地协调学生间的关系，使班级管理较快地进入轨道。

老师的见面礼

周老师在拿到学生名单的第一天，就着手为学生准备了一份见面礼。她从班级和学生发展的长远出发，给学生写了一份热情洋溢的欢迎信，还随信附上了一份特殊的"心愿单"，内容除了"姓名、住址、联系方式、曾就读学校"等一般信息外，还增加了"我对自己高中的发展定位（包括拟任职务）、我希望生活在这样的班级（愿景描述）、我希望老师给予我这样的帮助、爸妈对我的发展期望（家长填）、爸妈希望老师给予我的帮助（家长填）"等。开学之际，周老师收到学生回馈的"大礼"，不仅了解了学生的一般情况，而且在与学生的书信对话中收获了一批优秀的班干部候选人。

在班干部的选拔中，教师全方面了解学生是选好班干部的基础性工作，如何了解学生，师生间如何沟通，是需要智慧的。相对于以往格式化的学生信息采集表，周老师的这份"心愿单"很有创意和诚意。一方面，教师可以引导学生从未来班级生活的角度考虑自己的班级角色定位，能够帮助学生在进入新的集体生活之前就很好地规划自己的班级生活；另一方面，也可以帮助教师较为全面地了解学生家庭和家长对学生发展的定位、期望与不足，从而准确地了解学生个体的发展欲求，为班干部的任命提供较为翔实的资料。

（二）班干部普选制

所谓普选制，是指借助选举的方式，在班级内部由学生和教师共同选举班干部。在这个选拔机制中，班主任掌握一定的选拔权力，学生具有较大的选择权。在实际操作中，候选人的产生方式和班主任的投票权重直接决定着师生权力的分配比重，也折射出教师和学生的责任分担程度。

操作说明：依据时间顺序，这个机制的操作一般包含以下步骤。第一步，协商制定班干部的选拔标准，如自我认同度高，有一定的感召力；是非观念强，有一定的组织能力；某项能力较好，有较高的工作热情，愿意为同学服务等。第二步，做好宣传和动员工作。主要是通过对班干部选拔标准的宣讲，鼓励全体学生积极参与，激发学生渴望锻炼和成长的进取心。第三步，候选人的产生。可以是小组推荐、个人自荐或教师推荐等形式，候选人的数量与班干部人选的数量应该有差额，最好是3：2，候选人太少会伤害落选者，太多则容易分散选票。第四步，采用科学、民主的方法选举产生班干部。一般包括班干部候选人的竞选演讲、学生提问、投票选举、现场唱票等环节，通常采取无记名投票的方式差额选举产生。第五步，班主任参与协商，确定各自的工作分工，并择机进行班委就职见面会，明确各个岗位的工作职责与计划。

注意事项：这虽然是当前班级管理中普遍采用的一种选拔方式，但是很多教师并不明白这种机制背后所应当承载的权力分配与责任分担的本质问题，更多的只是将其视为一种体现学生参与的民主形式使用。而在实际运用中，出现"真投票，假民主"的现象绝非个例。笔者以为，普选制是最有利于班主任与学生进行权力分配与责任共担的选拔机制，要用好这个机制，必须树立"载体德育"的观念，赋予选拔过程以德育价值，让选拔本身成为育人的活动载体。具体而言，其一，班主任要给予学生充分的信任，以信任赢得学生的责任。这里，既要有对学生候选人能够勇担重任的信任，更要有对全体学生能够客观投出神圣一票的信任。唯有真挚的信任才能最大限度地激发学生对班级责任的主动担当。其二，班干部标准的制定必须充分吸纳学生参与，尽可能通过征求意见、分组讨论、全班宣讲等形式在班级中形成人人关注、人人思考、人人参与的氛围。因为，在这里，班干部标准的形成是次要的，主要目的是通过学生广泛深入的参与，促使学生对标准的认同、比照，进而思齐、践行。其三，投票选拔的过程要公开、公正、公平。班主任除了预先设定投票比重外，不得干涉投票结果，应当采取当场唱票的做法，直接产生班干部人选。这样既能彰显教师对民意的尊重，更能强化班干部对民意的敬畏。

适用班情：此种班干部选拔机制适用于相对成熟的班级，一般来说至少在接班一个学期左右，如一年级下学期。此时，学生经过较长时间的交往，彼此有了很多了解，对各自的状况也有了基本的判断，这使得民主选举的过程具备可靠的基础。

一张可以 N 次方的选票

在金老师的班上，班委竞选正在如火如荼地进行。为了体现民主与公正，金老师安排了三位学生进行选票统计，决定现场公布结果。可是，在统计结果出来之际，她发现自己内定的班长人选张同学的当选票数少了 4 票，于是灵机一动，宣布作为班主任的她也应该参与投票，并且一票等于 5 票。然后，煞有介事地填好交给学生统计。最后，张同学顺利入围班委 9 人大名单，金老师在协调分工时，又强调让张同学担任班长。这一切看似天衣无缝，第二天，黑板上却出现了一个让这位数学教师百思不得其解的公式：$148 > 481$。

投票是当下班干部选拔，乃至班级管理中很常见的意见表达方式，它是学生民主参与班级管理的重要体现，但是如果使用不好，则会变为假民主，反而挫伤学生的参与热情。在这个案例中，金老师的做法具有一定的典型性，它折射出的是教师在班干部选拔中的两难心态：一方面要发扬民主，体现学生的选择；另一方面又不能信任学生的选择，担心群众的眼睛不够雪亮。案例中公式的背后是学生的呐喊，这也正是普选制让我们每位教师必须思考的命题：教师的那一张选票到底可以几次方？那是学生在你心中的分量，也将标示着班级在学生心中的分量。

（三）班干部自荐制

所谓自荐制，是指完全由学生自我推荐产生班干部的做法。在这种选拔机制中，学生掌握绝对的主动权，一般用于班级发展的成熟期。它与普选制的最大区别在于，其候选人的产生方式完全是学生自荐，不存在他荐形式，从而最大程度彰显了学生在班干部选用中的主体性与自觉性。

操作说明：一般而言，这个机制包括以下步骤。第一步，明确班干部职位、职责及其能力要求。这个环节主要是由班主任来操作，后期可以根据班干部的实际情况进行调整。第二步，对班干部工作及时进行宣传。这个环节非常重要，可以是教师的宣讲，但最好组织学生进行研讨。教师可以从人生发展规划、班级发展需要、个人发展评价等角度来引导学生进行充分讨论，其目的在于激发全体同学的责任担当意识和自我发展意识。第三步，选择合适的自荐班干部确认方式。如何确认学生的自荐是很需要智慧的环节，它体现的是班干部权力的来源与责任的面向。一般而言，最好由班级学生确认，可以是小组确认或全体同学确认，也可以是投票确认或鼓掌确认。这里重要的是确认，而非量化评价。

注意事项：班干部自荐制是学生自我责任意识的最大呈现，对学生的主动发展和班级管理的价值导向具有重要意义，它是权力分配向学生的最大化倾斜，所以适用于班级发展的成熟期。自荐制的运用，关键在于激发学生自我管理、自我服务与自我发展的意识与热情。因此，在实际工作中，我们要关注以下三个方面。其一，教师要转变班级管理观念，摆脱"管"的思维，强化服务与引领意识，自觉站在学生成长的背后，信任学生、支持学生、帮助学生。其二，要转变班干部选用观念，摆脱"用"的思维，强化育人意识，以真诚的信任赢得学生，以成长的责任激励学生。其三，教师要加强班级文化建设，通过班徽设计、班歌征集等形式，提炼班级精神,为学生的自我发展创设良好的文化氛围。

适用班情:自荐制适用于非常成熟的班集体,一般在初二和高二年级比较合适,此时的班级褪去了初建时的陌生,也没有毕业前的紧张,最适合学生自我展示。

总体来说,以上三种常见的班干部选拔机制呈现的是师生权力分配与责任分解的过程,从任命制到自荐制,教师的权力与责任逐渐减弱,对学生的信任逐渐增强,学生的权力与责任也伴随着这种信任逐渐增强。简言之,选拔机制的核心要义是通过教师在信任基础上的放权,激发学生对班级发展与自我成长责任的体认,并成为勇于担当的班级管理者。事实上,任何一种选拔机制都有其优势与不足,这些机制本身并没有优劣之分,它们只是适用于不同的班级发展阶段,适用于不同性格的教师,适用于不同班级的学生状况。

三、怎样才能充分发挥班干部的作用

【困惑】怎样才能充分发挥班干部的作用

当班主任有一段时间了,班干部也产生了,班级各项工作也能正常运转。自从班里有了几名得力的班干部,我虽然能从琐碎的事情里解脱,可是,总觉得有什么地方不对,班风班貌也没有得到根本转变。到底怎样才能充分发挥班干部的作用呢?

【为你解惑】着眼发展,合理布置组织结构

班干部的选拔是权力分配与责任分解的过程,而班干部的使用则是责任内化与追求群体效益最大化的过程。班干部的使用,就是着眼于班级发展与班干部培育的效益最大化,通过恰当的组织结构,激发班干部自我发展的责任意识,准确定位自己,寻找自身成长与班级发展的契合点。

（一）相对稳定的班干部组织结构

1. 直线式职能组织结构

如图 1 所示，直线式职能组织结构采取垂直管理的方式，将班级工作划分为常规管理和团队活动两个职能分支，在此基础上，再将职能层层分解，落实到各位班干部身上。

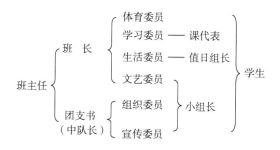

图 1：直线式职能组织结构

操作说明：直线式职能结构实行的是垂直管理，层层负责，班主任直接管理的是班长和团支部书记。因此，管理幅度相对较小，容易集中精力从宏观上把握班级发展的方向。这个组织形式的产生，首先是通过一定的选拔方式，产生两名能力很强的班干部分别担任班级的领军人物，即班长和团支部书记（初中是中队长）。班长主要负责班级的常规管理工作，依据班级管理的需要，通常会下设体育委员、学习委员、生活委员、文艺委员等职能岗位，各职能岗位再下设具体的小组长。其中，各个小组长或课代表对职能岗位的班委负责，各班委对班长负责，班长对班主任负责。团支部书记负责班队会的工作，依据团组织活动的需要，通常设组织委员和宣传委员等职能岗位，其下也设板报、团校学习等小组长，他们也同样实行垂直管理，逐级负责。

注意事项：直线式职能组织结构是当前班级管理中使用最为普遍的一种形式，虽然各班、各校略有差异，但是其垂直管理、层层负责的基本特征是一致的。在实际使用中，传统的做法过多强调了垂直管理的责任与付出，往往会忽视对信任的传递和对班干部潜能的激发，因此产生了不少负面后果。要实现班级发展与班干部成长的双赢，使用直线式职能组织机构必须注意以下问题。其一，作为领军人物的班长和团支书的选拔任用要谨慎，标准要更高。主要班干部的素质决定着这个结构的成败，教师在确定初步人选的基础上，可以通过试用期等方式，帮助他们逐步适应工作；可以有意识地表扬，帮助他们树立威信。其二，班主任要充分信任班长和团支书，并以高度的责任心帮助他们成长，展现出最大的智慧。放权，不是放任，而是智慧地分解责任。在这里，教师的管理幅度小了，但是育人的责任大了，教师要退至幕后，给予班干部及时的指导、有效的帮扶和有力的支撑。其三，班主任要有育人的全局观念，定期进行班干部的层际流动。直线式职能结构对领军人物的培养是显而易见的，但是三年不能只培育一两个优秀班干部。因此，班主任在建班之初，就要有三年一盘棋的班干部培养规划，根据学生的情况，有意识地将一些潜在的领军人物分批培养，采取班干部的定期改选制度，通过层际轮换的办法让更多的学生得到锻炼。

结构评析：从管理学角度来看，直线式职能结构实行的是垂直管理，教师的管理幅度相对较小，容易集中精力从宏观上把握班级发展的方向。其弊端则在于，层级较多而且垂直管理，容易产生学生之间的等级观念，造成学生与班干部之间的隔阂，也会在一定程度上造成教师对班级学生情况的了解不足，产生偏差。从教育学角度来看，直线式职能组织机构是班主任将管理权力交给最信任的两个人，然后再由他们层层分解，这种垂直管理传递的是责任，更是信任。因此，它对主要班干部的成长具有极大的推动作用。当然，这样的不足也在于，它会削弱教师对中下层班干部培养的关注度。这个结构适用于班级中具有突出能力的领军人物，而且班级发展比较成熟。

磨砺不等于打击

周老师在初一接班时，班上有一个非常出色的小男生 A。综合观察，她觉得男生 A 是未来班级的领军人物，但又感觉这个同学锐气太盛，过于看重荣誉，而且缺乏挫折的磨炼，便决定杀杀他的傲气。在班干部选拔中，周老师在宣布参选标准的时候，有意识地把他身上存在的一些缺点列为不能当选班干部的基本条件。结果，他依然得到了 15 张选票，列第 9 位，正好达到预定的 9 个班干部人选数。一看这个局势，周老师马上暗示主持选举的临时班长，提出由于第九位同学的选票没有达到班级人数的三分之一（全班 51 人），不利于开展工作，决定暂时不设副班长，班干部人数改定为 8 人。这样，男生 A 终于没有当选班干部。看到他一脸的沮丧，周老师觉得这或许是对他最好的教育。在后来的日子里，男生 A 果然不再那么傲气了，上课比较安分，下课也不再哄闹，期中考试时由于发挥不好，只得了班级第 11 名，一下子，他变得更加沉默了。在家访后，周老师发现自己犯了一个严重的错误，那就是把磨炼等同于打击。正是那次班干部选举严重打击了男生 A 的自信心，从此他在家里也不再活泼、开心，总是说同学和老师不喜欢他、不信任他。

在直线式职能组织结构中，领军人物的培养是至关重要的。一个好的班干部苗子是班主任最期待的，但是，如何珍惜和培育这样的苗子却需要智慧。在周老师的反思中，她这样写道："学生的锐气是要挫一挫，但是不能从根本上打消。对男生 A 的工作，我的失误首先在于把磨炼简单理解为打击，没有给予他能转化为动力的压力，反而严重挫伤了他的自信心、自尊心。其次，在于没有把我对他的期盼以恰当的方式传递给他，反而使他觉得老师不喜欢他、不信任他。"

2. 平式职能组织结构

如图 2 所示，平式职能组织结构是采取扁平化的管理方式，依据班级发展需要和学生发展欲求，设置多个一级管理岗位，直接对班主任负责。在此基础上，各岗位再设置小组长或直接与学生发生联系。

图 2：平式职能组织结构

操作说明：平式职能组织结构的特点是以职能划分为基础，实行扁平化管理。这种结构适用于班级学生的能力差异不大，缺乏明显的领军人物的情况。一般来说，会设置班长、副班长、团支书、学习委员、体育委员等职务。其中，班长负责班级的常规管理，特别是劳动、卫生等；副班长负责纪律管理、考勤等；团支书负责团队会的各项活动的组织和宣传，包括文艺活动、志愿者活动等；学习委员全面负责班级的学习工作，包括作业收集与反馈、学习交流等；体育委员负责日常的体育课、体育锻炼和运动会的组织工作等。

注意事项：扁平化管理的优点非常明显，教师的管理理念会得到最大程度的落实，管理的执行力很强，班级的管理效益能有较好的保障。要突显这一结构对班干部培养的优势，我们需要关注以下方面。其一，班干部岗位不宜设置过多，各岗位职责要清晰。平式结构的最大隐患就在于容易产生相互牵扯，削弱班级管理效益。因此，我们在考虑岗位设置时，一定要从班级和学生的实际出发，按需设置。同时，对各个岗位，要引导全体学生积极参与，共同讨论和制定清晰、明确的岗位职责。其二，班干部岗位要实行轮换制度，以引导班干部全面发展。平式结构能给予更多的学生以机会，但是也意味着领军人物的缺乏，因此，教师对班干部的素质培养要坚持全面发展的原则，尽可能地让班干部在各个方面得到锻炼和发展。除了一般的管理能力、组织能力、协调能力之外，还可以通过定期的轮岗制度，让班干部在不同的职能岗位上得到多元发展。其三，班主任对班干部工作的指导要把握好一个度，不宜过多过细。正如前文所述，班干部需要在"用"中"育",因此,教师在直接指导多名班干部工作时,尤其要保持一颗平常心、宽容心,给班干部犯错的机会,鼓励他们在反思中激发智慧、提升自己。

结构评析:从管理学角度来看,扁平化管理的优点非常明显,教师与班干部的接触次数多,范围广,有利于更好地关注各位班干部的成长状况。其弊端在于,它会加大教师的管理幅度,对教师的管理能力和个人精力是一种挑战。从教育学角度来看,平式职能组织结构让教师与学生走得更近,有利于教师更好地了解学生的发展状况,及时做出正确的引导和帮扶;有利于教师发现学生的管理智慧,及时将其运用到班级管理中;频繁的师生互动也让师生关系更融洽。从另一个方面说,教师和班干部的沟通存在较大的话语差异,加之传统师生关系不平等印迹的存在,使得班干部更习惯于听从教师的安排和指令,缺乏工作的主动性和创造性,一定程度上会压制班干部工作智慧的迸发。这个结构比较适合在班级初期,特别是班级中缺乏显著领军人物的情况下使用。当然,从减轻班干部工作负荷的角度来看,在毕业班的下半学期也适合使用。

行政双头制

走进范瑞强老师的班级,你会发现与众不同之处。在他们班上,设有两个班长,即"行政双头制"(借用了法国的政体名称)。范老师的班干部是通过竞选上岗的,由学生选举产生两名班长,并分别自由组阁,形成两套班干部组织。然后,在分工上,由他们自由选择或是抽签决定,分管班级学习或文体活动。同时,中队委(团支书和纪律委员)负责班级团队宣传和监督工作。这样,班委队伍就有三支,既互相帮助,又互相竞争,一学期后由同学们进行评比,看谁的工作展开得更好。

范老师在班干部使用上很有创新,充分引进了竞争机制,既强调学生的个人能力,又注重他们的工作方法;既树立班干部的威望,又分散班干部的权力。一个班级,三队人马,两名班长公平竞争,中队委则负责宣传与监督,这种清晰的分权与相互竞争和制衡,很有政治学的意味,将评价权交给学生,能很好地增强班干部的服务意识和成效意识。

（二）相对灵活的班干部组织形式

班级是一个不断成长的集体，在不同阶段会出现不同的学生状况、管理任务，因此在班干部的选用中，除了相对固定的班干部组织结构，也可以考虑一些相对灵活的组织形式，最大限度地吸纳学生参与到班级管理中来，激发学生自我发展的责任意识，让班级的发展凝聚更多的学生智慧。

1. 项目负责制

顾名思义，项目负责制就是以某一个具体的项目任务为驱动，临时形成一个班干部团队，可以是已有班干部的重新整合，也可以是新的成员与已有班干部的结合。

操作说明：项目负责制是因项目任务而起，所以，按照项目的实施可以分为三个阶段。第一个阶段，教师根据项目要求和学生的能力与欲求，发布项目负责团队的招募说明。关键是写清项目实施对能力的要求和具体的工作内容。一般来说，只招募 1~2 名负责人，其他的队员由负责人招募。这样便于形成合力较强的工作团队。第二个阶段，举行项目团队成立仪式。这个环节非常重要，仪式可以很简朴，但是必须很正式。比如，教师宣读以班级名义发布的任命书、为项目团队成员颁发正式的聘书等。隆重的仪式本身就是一个教育活动，它不仅可以给项目团队以荣誉感和责任感，而且可以让全体学生感受到参与班级管理的使命感，激发学生参与班级管理的热情。第三个阶段，项目团队的述职与考核。在项目任务完成之后，教师要组织项目团队向全体师生进行述职，接受大家的考核。这个环节既是对项目团队的尊重，也是对他们工作的促进。

注意事项：项目负责制创新了传统的班干部概念，从"位置"转变为"能力"，体现出对每一个学生智慧的尊重，对每一个学生潜质发展的期待。项目负责制也使得班干部各尽其能，是对班级固定班干部组织结构的有益补充。为此，我们需要关注这样的细节。其一，项目负责制不是负责人的独角戏，教师要以项目的实施为契机全面关心和帮扶负责人，给予他们有力的支撑，引导他们在这样的活动中发现自己、提升自己。其二，坚持赏识性原则，发挥评价的促进功能，将项目参与和学生考核相结合，谋求班级发展与学生成长的共赢。这里的考核，不是为了分出优劣，而是为了激励学生，将他们的参与记入成长档案，以过程评价的形式鼓励学生更多地参与到班级发展中来。

羞答答的玫瑰大胆地开

周老师的班上有一个贾姓女生，平时很内向，不怎么参与班级的活动，而且由于成绩不好有点自卑。有一次在与同学的闲聊中，周老师得知她琵琶弹得很好，初二的时候就已经十级了。于是，周老师在班级接待外国学生访学的活动中特意安排贾同学多次进行琵琶表演，每次都赢得了满堂喝彩。在后来的学校艺术节中，出乎周老师意外的是，贾同学居然主动请缨，担任艺术节大合唱比赛的项目负责人，从组织排练、租借演出服装到比赛中的指挥，她做得非常努力，也非常出色，班级也一举获得了大合唱的一等奖。这朵羞答答的玫瑰不再静悄悄地开。

有时候，我在想，选拔和使用班干部的意义到底是什么？是为自己寻找好的助手，还是为学生的发展搭建平台？本案例中周老师的做法给出了一个更高层次的回答，那就是，班干部的选用本身也是一个育人的过程。周老师的细致观察，使她有了对学生最真切的感知；周老师的大爱之心，使她赢得了学生发自内心的尊重；周老师的适时放手，也催化了一名优秀班干部的诞生。这其中的项目负责制恰似一个助推器，推动了班干部的快速成长。

2. 值日班干部制

相对于项目负责制，值日班干部制更具常态性。它是以时间为单位，依据一定的顺序安排学生轮流担任班干部的一种组织形式。这个形式当下很多学校都在使用。

操作说明：值日班干部制的名称各有不同，但是基本的操作方式是采取教师安排或是学生主动报名的形式，依据学号或其他排序规则，轮流担任班干部，负责当日的班级管理工作。有的设值日班长一个职位，也有的是设立值日班长、值日劳动委、值日体育委等多职，目的都是为了让全体学生都有参与班级管理的机会。

注意事项：从理论上说，值日班干部制是最大限度地体现学生主体性参与的组织形式，更能彰显学生在班级管理中"人"的存在。但是，从实践的角度分析，这个形式受到学生素质差异的影响，很容易陷入形式化、"走过场"的困境，而且由于频繁更换班干部，还会带来班级管理的不连续性。为此，我们在使用的时候需要关注两个问题。其一，必须充分尊重学生参与班级管理的意愿，不能搞"一刀切"。在人员产生上，要尽量采取学生主动报名的形式，充分尊重学生的意愿；在顺序排列上，要尽量不要机械地按学号来进行，可以根据不同时期的班级工作侧重点，引导学生根据自己的潜质与特长选择自己担任值日班干部的时间。其二，虽然值日班干部任职的时间较短，但还是应该加入一定形式的考核和反馈，以激励学生更好地履行职责，尽量避免形式化。如每月评出一个"最佳值日班干部"等。

总体来说，根据不同学校、不同班级的实际情况，班主任选择的班干部组织结构可以多样，但是结构优化却始终应该成为班主任的不懈追求。因为，一个优化的组织结构不仅能够最大限度地激发学生参与班级管理的责任意识，更为重要的是能够激发班干部在责任驱动下的智慧迸发。

二日班主任制

在任小艾老师的班上，学生不仅可以担任班干部，而且每位同学还可以轮流当两天的班主任。担任"二日班主任"的同学，除了学习任务之外，在其他方面享有班主任的一切权力。可以给家长写信，可以家访，可以找学生谈话，可以参加学校的班主任工作会议。班级同学也必须像尊重老师一样尊重他们。比如，今天王同学担任"二日班主任"，那么早晨进教室时，同学们都喊"任老师好！王老师好！"这时，王同学站在班主任身边，既感到自豪，也感到肩上的责任。

案例名称是"二日班主任制"，其实质依然是值日班干部制，其优势在于，它一方面可以给予全体学生参与班级管理的权利，感受到为班级服务的荣誉感；另一方面则可以通过每个学生对班干部工作的体验，加深他们对班级管理工作的体认，从而能够更加自觉地尊重和支持班干部的工作。但是，如果学生的整体素质不高或是使用中缺乏有效监督和评价，那么这个制度也容易导致班级管理的混乱，而且会误伤有志参与班级管理的学生的积极性。

四、怎样培养好班干部

【困惑】怎样培养好班干部

作为班主任，我充分信任班干部，放手让他们开展工作，有的班干部管起人来真不含糊，可也有管不住自己的时候。一次课下，有人向我反映：纪律班长小向中午在班内吃面包、火腿肠，喝饮料。有人劝阻，他还挺蛮横地说："不用你管!"本来自己挺认可的小向，也出现违纪现象。有的班干部本来功课就费劲，还要承担管理职责，越是认真负责，用的时间就越多，用在学习上的时间就越少，学习成绩有所下降，这也是我不愿看到的。用什么样的方法才能培养好班干部呢？

【为你解惑】"三点"出发，两个机制，促进成长

（一）班干部培养的出发点

1. 班干部培养从班主任的专业发展开始

教育追求的是师生的互动共进，所以教师的专业发展是培养班干部的

客观要求。我们在培养班干部的过程中也要学会"偷懒"。这里的"懒"不是对班级管理的懈怠、放任，而是一种育人的智慧。具体而言，其一，班主任要学会智慧地放权，以信任赢得孩子的责任担当。一个个乖巧听话的传声筒，缺乏责任担当，更不会积极创新，去发展自己、展现自己的管理智慧，成长也就无从谈起。但放权不能一蹴而就，必须考虑到学生的能力水平等因素，采取合适的方式，渐进地进行。其二，班主任要智慧地示弱，以信任激发孩子的智慧迸发。事必躬亲，培养出来的班干部只会谨小慎微，无法独当一面，管理智慧会被消磨。所以，班主任不妨换个思路，学会适当地示弱，把班级管理中的难事向班干部求助，激发班干部以自身的智慧来解决管理中的问题，让他们在思考、探索和践行中成长。

2. 班干部培养从班集体的建设开始

班级是学生生活与交往的主要场域，良好的班集体更是助推班干部成长的重要平台。在培养班干部的过程中，要在班干部与班级发展之间建立起爱与责任的纽带。具体而言，其一，善打亲情牌。在班集体建设中积极营造家的氛围，以强化班级发展与学生个体发展的有机融合。当班级成为一个大家庭时，班干部自然会丰富自身的角色意识，在自身与班级发展之间保持一种更为紧密的关系。其二，会出苦情牌。在班集体建设中，面对全体学生，教师要以班级发展的优点为主，多鼓励、多赏识。但是，在面对班干部时，则要学会交家底，与班干部一起多找差距，激发斗志。

3. 班干部培养从选拔开始

班干部培养绝不是最后的环节，而应贯穿于班干部选拔与使用的全过程。在如何选拔中必须体现出对班干部的培养。在这里，培养不只是一种行为，它更是班主任工作的一种理念与追求。其一，班干部培养要有全局观念。即班干部的培养要着眼高中（初中）三年，放眼全体学生，整体规划，原则上能让绝大多数同学都有参与班级管理的机会。为此，在每一届班干部群体的建设中，都要适当考虑班干部培养的梯队建设。其二，班干部培养要有全面意识。即班干部的培养要尊重不同学生的发展欲求和潜质开发，通过班干部队伍的人员结构优化，实现群体内部的优势互补与互动，促进班干部的全面发展。其三，班干部培养要坚持载体德育的观念。即把学校德育与班干部选拔与使用相结合，赋予每一个活动环节以教育的价值，引导班干部在参与选举、参与管理的活动中感受到老师和同学对他谋求自我发展的期待。

我为班级献一计，解一困

在李老师的班上，班主任与班干部有每月一次的班情分析会。在会上，班干部罗列出本月班集体发展中存在的各种问题，然后，大家协商出一个突出问题，作为下个月工作的重点。此时，通过推荐或自荐的方式，产生1～2位班干部来负责解决这个突出问题。负责的班干部会在全班对这个问题进行阐述，组织同学为解决本月的突出问题献计献策，并由他们在综合同学意见的基础上，想出办法，负责落实。

李老师把班级发展的问题呈现与问题解决都交给班干部，并创设平台让班干部自己去思考和探索。这样不仅激发了班干部的主人翁意识，也极大地提升了班干部独立思考和自我发展的能力。

（二）班干部培养的实践机制

班干部培养首先是贯穿于班干部选用全过程的理念和追求，下面将从"育"的完整性角度去思考和探索实践的机制。

1. 班委述职制度，让班干部在同伴的期待中成长

顾名思义，班委述职制度，就是以制度的形式规定班干部在一定的时间和一定的范围内述职，以强化对班干部工作的监督与促进。

操作说明：班委述职制度是一个广义的制度，根据班级、班干部和学生情况的不同，选择的空间很大。一般来说，述职的班委可以是主要班干

部，即班长和团支书，也可以是各岗位的班干部都参加；述职的时间周期可以是一周，也可以是一个月或是一个学期；述职的对象可以是全体师生，也可以是学生代表。在具体的操作上，通常包括三个基本环节。第一步，工作计划宣讲。即班干部要对述职对象预先进行工作计划的宣讲，目的是明晰班干部的工作职责，吸纳同学们对班干部工作的诉求。第二步，班干部的述职演说。即在规定的时间周期内，班干部将本时间内工作计划的完成情况向同学们进行汇报，其目的是让同学们知晓班干部的具体工作实绩。第三步，同学们对班干部工作的评价。一般而言，这种评价可以是当场提问与互动，也可以是无记名投票、鼓掌等。

注意事项：班委述职制度将班干部的努力与成长置于同伴的期待与监督之中，激发了班干部的工作热情，也有利于调动全体同学关心班级发展、关注班干部工作的积极性。在实际的操作中，不建议对班干部进行等级化的评价，甚至进行末位淘汰，因为这个制度的最大意义不是为了区分班干部的工作业绩，而是通过这种述职的形式，将班干部的培养与同伴的关注和期待紧密相连，并借助于良性的生生互动，促进班干部的快速成长。

2. 班委轮岗制度，让班干部在实践锻炼中成长

班委轮岗制度，就是以制度的形式，规定班委的岗位任职期限，通过班干部在不同岗位间的轮换，促进班干部更为全面的发展。

操作说明：正如前面在介绍组织结构时提到的，班委轮岗是全面育人的一种客观需要。根据不同班级和班干部的状况，可以采取主要班干部不流动，一般班干部流动的做法，也可以采取全体班干部重新竞争上岗的做法。在直线式职能组织结构中，可以是上下的层际轮岗，也可以是同级的岗位互换；在平式结构中，则主要是同级岗位间的轮换。

注意事项：岗位轮换本身是一种非常好的班干部培养机制，它有利于班干部在实践中获得更加全面的发展，也有利于打破传统的官本位思想，做到能上能下。但是，在实际操作的过程中，不少老师缺少理论认知和充分的前期工作准备，使得轮岗中失败的班干部深受打击，也压制了一般同

学想尝试班干部工作的欲求。为此，我们在班委轮岗的工作中，要关注以下两点。其一，征求并充分尊重班干部的意愿，条件不成熟的，不适宜进行大规模的轮岗。建议采取小范围的班干部群体内的岗位轮换，逐渐营造良好的班级氛围。其二，在班委轮岗中要坚决破除惩戒思想，坚持以"育"为主，以人为本。轮岗的目的是促进班干部的全面发展，绝不可以成为班主任淘汰不合格班干部的契机。在班干部的选用过程中，要始终坚持以"育"为主，以人为本，把班干部的培养作为第一追求，把学生的权利放在第一位。

班干部轮换制

在任小艾老师的班级里，班干部不是终身制，而是轮换制。基本上一个月轮换一次，民主选举，无记名投票。如果同时有几个候选人，就采取竞选的办法，由候选人公开发表竞选演讲，公布自己的工作设想，然后学生进行无记名投票。再由班长组建班委，一个月烧三把火，即月初、月中、月末，烧完了三把火就换届。班干部任期满时，全体学生给他们评分，考核工作。

引入竞争机制，让班干部队伍成为活水，此法有利于激发学生参与管理的积极性。然而，为了保护班干部的这种积极性，并激发其他学生进一步参与的热情，轮岗的方式、评价的方式与评价结果的使用都需要教育智慧。一方面，轮岗的方式要充分考虑学生的素质水平和班级发展的整体状况，过于频繁的轮岗或过于繁琐的程序都会影响班级的正常发展。另一方面，对班干部的评价要坚持定性与定量分析相结合、形成性评价与终极性评价相结合，评价重在促进班干部培养与同伴关注的良性互动，而不是在于甄别班干部的优劣。

（特约撰稿　李宏亮　江苏省南京市第一中学）

（策划　向凌云　班主任之友杂志社）

第六章　良好的班风从哪里来

班风是班级以稳固的价值观为核心的，有特色的氛围、行为方式、习惯，等等。它是班级特有的风貌，是班级发展和学生成长最重要的影响源之一。对外它是班级形象的呈现，对内它是一种氛围、一种无形的力量。

一、该建设什么样的班风

【困惑】该建设什么样的班风

常听大家议论，某班班风真好、某班班风差、某班班风还没形成。班风的形成很重要，可是，到底应该建设什么样的班风呢？良好班风的标准是什么？

【为你解惑】正向精神是不变的核心

就像每个人有着自己独特的容貌、气质、秉性一样，班风反映了班级面貌，代表着班级特色，不同的班主任、不同的学生、不同的环境、不同的班级管理理念与方法，最终形成的班风也是各有特色。新班主任应当建立什么样的班风，就要根据班级学生的特点来进行策划。但无论何种风格，有一点是共性的，那就是，有进取意识，有创造精神，集正直、勤奋、团结等美德而又有独特风格的班风一定是好班风，也一定能发挥集体目标的吸引力、集体情感的凝聚力、集体纪律的约束力、集体环境的熏陶力，产生"久熏幽兰人自香"的效应。优良的班风无形地影响着全班学生的思想行为，从而使班级成为教育的优质熔炉，为班级学生的成长、发展提供有效的动力，对形成、巩固和发展班集体起着重要作用。

一个优秀的班集体班风应有以下特征。

①班集体具有以集体主义为基础的共同价值观和健康的自我意识。

②集体在心理关系上的和谐、愉悦和凝聚性。

③集体在组织行为上的一致性和合作性。

④班集体形成了值得自豪的集体传统。

二、良好班风的形成要多久

【困惑】良好班风的形成要多久

一开学，我就狠抓班风，早到晚走，严防死守，要求学生事事争先，可为什么做了这么多努力，个性的班风还是没有形成？

【为你解惑】坚持自会水到渠成

班风的形成有一个由不自觉到自觉，由少数人接受到多数人服从的过程。班风随着班集体的不断成熟而发展，是班集体建设的晴雨表。

良好的班风是在师生双方的共同努力下，在班级的发展过程中，逐步营建的。即使有一些不良风气，随着班主任的认真经营，良好的班风仍会逐步发展和丰满；同理，如果经营不善，维护不够，好的班风也会向反向转化。

对此，班主任要有清醒的认识，对这项工作耗费的时间、工作量和工作难度都要有充分的思想准备。

一般来说，良好班风的形成大致有三个发展阶段。

第一个阶段，倡导班风，培养骨干。即班主任向全班成员提出班风要求，一部分先进成员接受了班风要求。这一时期，班风对全体班级成员来讲是外在的，多数人对班风要求尚不十分理解，一批骨干为班风的优化做出了榜样。这一时期，是班集体建设的形成期。

第二个阶段，班级群体多数成员接受班风要求。从总体上讲，班风要求已成为群体规范、群体凝聚力和群体舆论的象征。班风作为一种教育环境已基本形成，并对班级全体成员产生强大的心理力量，但少数成员尚未完成积极的自我转化。这一阶段，是班集体建设的巩固期。

第三个阶段，班风建设的发展期，班集体建设的成熟期。良好的师生关系、同学关系、学风、学生与集体的关系已经形成。

【小贴士】

在班风建设过程中，班主任的心态非常重要。功利心过强，试图在短时间内取得好的成绩，势必造成行动上操之过急。没有很好的师生情感做基础，片面使用高压政策，治班用重典，会导致师生关系紧张，甚至会使自己逐渐走向学生的对立面。

这样的不良心态还反映在学生和班级表现出现反复时。有了一点成绩便得意忘形，出现反复或者挫折时，便灰心丧气，埋怨学生不好教育、家长不配合，等等。

应该容许学生犯错误，甚至容许学生反复犯错误，在改正错误中成长，让班级发展在不断纠偏中前进，最终向着和谐、健康的班级氛围前进。

教育是慢的艺术，营造班风，也是慢的艺术。班主任只有心态摆正了，行动时才能不疾不徐，有条不紊。

（江苏省南京市第三高级中学　陈宇）

三、班风建设涉及哪些方面

【困惑】班风建设涉及哪些方面

一接新班，顿时感觉各种琐碎的事情扑面而来，大家都建议我一定要抓好班风，可到底该从哪些方面下手呢？

【为你解惑】班风不是无形物，七个要点需着力

班风建设包含的内容非常多，可以说，班级管理中的每项内容都属于班风建设，同样，也决定着班风的形成。它是班集体的学习状态、精神面貌、班级凝聚力的集中体现，是在班集体中逐步形成的情绪上、言论上、行为上的共同倾向，并通过思想、言行、风格和习惯诸方面表现出来，包括人际交往、学习和生活的态度和习惯、组织纪律性、环境卫生意识、学习氛围（学风）等，必须经过长期细致的教育和严格的训练才能形成。王晓春老师将班风的内涵概括为七个要点：舆论方向、纪律、学习气氛、人际关系、环境、代表人物和"行为品牌"。

班风建设的七个要点

一、舆论方向

在班风中，这是最重要的，因为它体现着这个班学生的价值观倾向。比如学校本是学习的地方，班级舆论应该以好学为荣，以厌学为耻，可是也有这样的班级，努力学习的同学会受到讽刺、打击，不好好学习的人反而被美慕。学校是助人成长的地方，班级舆论应该以自立自强为光荣，可是在一些班级里，却以倚仗父母权势为光荣。这些都属于歪风邪气。不错，现在社会处于转型期，价值观趋向多元化，教师不可太古板，但是大的方向还是要把住。世界上无论什么社会制度的国家，都没有把厌学和倚仗父母作为孩子优点的，对这些问题，班主任必须立场坚定。

二、纪律

很多人以为纪律越严明班风越好，我是不赞成的。看一个班的纪律，主要应该看基本情况，不应要求过严过细，特别要看该班纪律中自觉纪律的含量如何。要知道，纪律是一把双刃剑，既能帮助学生发展，也能阻碍学生发展。

三、学习气氛

学习气氛当然是班风的重要组成部分，学生在学校不学习，学校就名不副实了。但是，什么样的学习气氛才是好的，大家看法却未必一致。在许多教师的心目中，好的学习气氛是这样的：我让你学什么，你就学什么，而且卖力气；我不让你学的东西，我不让你干的事情，你就看都不能看，想也不能想；人家做 10 道题，你做 20 道，人家玩 1 个钟头，你只玩 10 分钟；我什么时候看见你，都发现你处于用功状态，令人欣慰。班级里有这样的学习气氛，好吗？不一定。这虽然比公然厌学要好，但这是被动的学习，奉命学习，给老师学习，傻学习。我们需要的真正好的学习气氛是自觉学习，主动学习，有兴趣的学习，高效率的学习，而且不能局限于课本。所以，看一个班级的学习气氛，光看表面是不行的，光看成绩也是不行的，要综合分析，要注意学生的感受和他们真实能力的提高，尤其要看创造性。

四、人际关系

班级人际关系指师生关系和生生关系。一般说来，这两种关系中，师生关系是主要的，特别是班主任与本班学生的关系，更重要。师生关系仅凭感觉和印象就能有所了解，但是要真正了解，还是要到学生中去调查，学生的感觉才是最重要的。有些班级的学生对班主任非常尊重，双方关系看起来很融洽，其实背后学生说班主任坏话的很多；有些班级的学生对班主任似乎不大礼貌，甚至常常顶撞班主任，但是你到学生中去仔细询问，却可能发现学生对班主任评价并不低。所以，看师生关系不可只看表面现象。

还有就是生生关系。学生之间的关系，相对地说，比较容易看清楚，假象较少，你只要注意谁经常和谁在一起，就能大致看出班里有多少个小群体，他们之间大致是什么关系。一般班主任观察班级学生关系，侧重于是否团结一心搞好班集体，是否互相帮助抓学习，这当然也不能算错。但是，请注意，站在学生个人的角度，他与某个同学做朋友，与另一个同学不相往来，与第三个同学有过节，少有从班集体进步、从班主任工作任务的角度出发的。也就是说，学生之间的人际关系主要取决于他们的个性与价值观，而不是班主任的主观愿望和工作任务。班主任看待学生之间关系是"任务视角"，而学生看待人际关系则是"私人视角"，如何找到这二者的结合点，需要班主任有高超的教育艺术。许多班主任不顾学生的个人感受，一味地要求学生"万众一心"，就会碰很多钉子。

五、环境

环境与人是相互影响的，人造就环境，环境也可以造就人；改变人可以改变环境，改变环境也可以改变人。"环境育人"的提法是有一定道理的。我们观察和影响班风，可以从教室环境入手。教室是否整洁，学生物品如何摆放，公物保护程度如何，标语内容怎样选择，标语如何悬挂，黑板报有什么内容，等等，都可以透露出班风的信息甚至班主任的个性。比如，有的班主任很重视在教室内摆花，有的就不主张这么做；有的班级励志标语很多，甚至每人桌上有个小标语牌，有的班级标语就很少，多的是学生的作品。有不少班级在最显眼的地方公布学生的考试分数，这个学校的校长或者这个班的班主任大概就是应试主义者。我听一位高中班主任说，他曾经发动学生每人写几句最想说的话，然后在教室后面办一个专栏贴出，称之为"发泄墙"，收到了很好的教育效果。就此，我们可以看出这个班的班风是比较时尚、开放和民主的。

六、代表人物

一个成熟的群体，一个形成团体文化的群体，往往会产生一个或几个代表人物，他们身上最充分地体现了这个群体的精神风貌，他们就成为这个群体的标志、旗帜。比如，雷锋、"铁人"王进喜、百货大楼的售货员张秉贵、淘粪工人时传祥，等等，都是他们所在团体之精神的杰出代表。一个学校、一个班级也有类似的情况，形成校风和班风之后，就可能出现代表人物。这个人物如果被大家认可，那就说明班风比较成熟了。班风的代表人物可以是班主任，也可以是某个学生，关键是能否被公认。如果班级隆重推出一个学生（比如中考、高考成绩拔尖，或者参加全国比赛获奖，或者被传媒热捧），本校本班学生私下并不认可，那就说明这个班的班风并不成熟，或者该人物其实不能代表这个班。我们考察一个班的班风，打听一下该班的名人是谁，多数同学对他评价如何，也是一个重要方法。

七、"行为品牌"

如果说"代表人物"是班风的"代言人"，那么"行为品牌"则是班风的"商标"。成熟的班风是有特色的，它必定有一些和其他班不一样的地方，包括活动、习惯、礼仪，等等。也就是说，成熟的班风往往有自己的"强项"、"一招鲜"作为"行为品牌"。比如，有的班级班会搞得特别好，有的班级体育活动多，有的班级文艺活动多，有的班级学生对教师特别礼貌，有的班级学生个人卫生特别好，有的班级学生特别爱读书、好几个人在报刊发表文章，有的班级学生动手能力强、有些小发明，有的班级学生热衷公益活动，有的班级学生特别孝顺父母，等等。我多年前曾经教过一个班，这个班的学生特别喜欢写字，休息时间也往往有不少同学在写，结果这个班学生写字的总体水平明显高于同年级其他班，成为一种班风。我还曾经见过一个班，学生中唱歌走调的人比例很大，恰好其班主任唱歌也走调，所以他们班唱起歌来总是惊动一方。有趣的是，他们还特别爱唱，有空闲就唱，而且大家都很卖力，情绪高昂，结果成了该班的品牌。尽管他们唱得并不艺术，但是外班同学还是很羡慕，因为人家很快乐。这就告诉我们，一个班至少要在某个方面很突出，与众不同，而且被本班学生认可，外班学生承认，才能形成班风，若处处与其他班相同，即使样样做得不错，也谈不到班风。与其他班级不一样之处，才是班风。所以，要了解一个班的班风，还可以向其他班级同学打听，学生往往能三言两语概括平行班的特点。比如说，"三班学生能说"、"四班学生厉害"、"五班学生是追星族"，这其实就是口碑，是民间的班风评价，往往很有参考价值。

（北京教育科学研究院基础教育研究所　王晓春）

四、我应从什么地方着手

【困惑】我应从什么地方着手

班风涉及班级管理的方方面面，而班级事务如此琐碎繁多，我该从什么地方着手？

【为你解惑】时时处处有契机

（一）每一个第一次都是契机和关键

要重视第一次，重视师生见面的第一次、学校大型集体活动的第一次（如第一次军训、第一次主题班会、第一次运动会、第一次文艺表演等）、学生个人展示的第一次（第一次升旗、第一次演讲等）、第一次考试等。要最大限度达成最佳效果，使学生为之自豪，并自觉地珍惜、维护，整个班集体就会形成蓬勃向上的凝聚力。

1. 第一次拿到学生材料

班主任新接班（包括中途接班）是班风建设最重要也是最好的时机。就如同要写一篇好文章，先要谋篇布局一样。创建班风的工作从班级组建的第一天，甚至没有开学的时候就开始了。拿到学生的名单和信息资料，班主任的工作就开始了。在这里必须要做的准备，就是了解你的学生。表面上看，这好像和班风建设关系不大，但是，你的所有行动都是在为班风建设打基础、布大局，因为班主任所有的工作，都必须在了解学生、赢得学生和家长的信任与支持的前提下才能顺利开展。班主任新接班是工作量最大的时期，必须勤奋一些。有了前期的努力，才能保证后续的工作质量。

接下来，班级开始运转，班主任在完成常规事务的布置后，就可以正式开始创建班风的工作了。

【经验分享】 了解你的学生

仔细阅读学生的材料，可从中发现重要信息，比如考试成绩、毕业学校、家庭情况、奖励惩处记录、教师评语、爱好特长等，以便有针对性地开展工作。特别需要关注以下几点。

（1）记住大部分学生的名字和相貌。仔细看学生的照片，记住他们的姓名，争取在开学第一天就能一口报出大部分学生的名字。这将在第一时间让你赢得学生的信任，树立自己的威信。

（2）毕业学校层次与考试分数的关系。是考试超水平发挥考进本校，还是从一个很好的学校考到了低层次的学校。学生从不同层次的学校考进来，心态肯定不一样，有的欣喜，有的失落，这将影响他们进入新班的表现。

（3）在原来的学校、班级受过什么样的表彰或处分，原来老师的评语是什么。

（4）学生有什么特长或兴趣、爱好。

（5）学生的家庭情况。学生是否来自单亲家庭不一定看得出来，但是，如果已经确定是家庭情况有些复杂的学生，则需要重点关注。

（6）学生的家庭住址在哪里，他所在的是一个什么样的大环境。这些信息，有的不一定很详细，班主任要学会从只言片语中找到有用的线索，圈出你心中的重点人员，根据时间和精力，再采取以下行动。

①家访（需提前预约）。百闻不如一见，如果有可能，尽量在开学前或者开学初做一些家访。带上笔记本、相机等工具做好记录。

②打电话和家长取得联系。如果有的家庭因为种种原因不能去访问，可以电话访谈。第一次打电话时不要向家长灌输太多东西，只是一种亲切有礼的问候，问问孩子的情况，掌握一些有用的信息。

③约见一部分学生。以搞卫生、出墙报或其他活动为由，预先和一部分学生接触，通过一起劳动、交谈等，初步了解学生的性格和能力。

（江苏省南京市第三高级中学　陈宇）

2. 接班第一个月

接班第一个月，是建立班风大格局的关键期，当确立班级风气的大局。

开学第一个月，虽然工作千头万绪，但班主任头脑必须清醒，心态一定要放平，该马上处理的问题，如排座位、安排值日生、指定临时班委和课代表，等等，必须迅速完成，让班级运转起来。

而像班级文化、班风建设这些系统工程，需要一步一步扎实地做，急不得。我们安心地做完上述工作，良好的班风已经在班级里开始生根、发芽。此时，需要用一定的班级制度将需要保持和需要做到的形成文字固定下来。班规、班纪的设立是巩固班风的重要手段。而它的设立过程，本身也是建设班风的行动之一。

【经验分享】开学前四周的赞扬声与悄悄话

开学的第一天，我会仔细观察学生的一些细节。比如，某个学生课桌上物品摆放很整齐，某个学生扫地很仔细，某个学生黑板擦得很干净，某个学生上课坐姿很端正，某个学生发言很积极，某个学生作业书写清晰、整洁，等等。

发现这些闪光点后，我开始面广量大地表扬他们——小到捡起地上的纸屑，大到成绩得了满分。我要给学生们一个暗示，那就是我们可以从各种层面来肯定一个同学。我要让每一个同学都知道，你是生活在一个集体中的，你的一言一行大家都看在眼里，你必须知道什么样的言行会得到大家的认可和赞许。学生进入班级后的第一周就是在我的赞扬声中度过的。在这一周，学生们面带微笑，呈现出良好的精神面貌。到第五天的时候，我下发民意调查表，要求写出："本周我要表扬×××同学，理由是……"

调查表收上来以后，我当着全班学生的面大声朗读大家所写的内容。

学生们受到我的启发，写下的表扬内容也是丰富多彩的。这些我会整理、打印出来，放在家校联系单里，周五放学时让学生们带回去给家长过目、签字。

连续两周，我都是这样表扬学生。

开学的前两周，班级并不是没有缺点和问题。如果我们按常规思维，发现不好的就指出、批评、惩戒，那么学生就会感觉到班级处处是问题。对一个新进入班级的学生来说，这是一种消极的暗示。班主任的批评与高压，也许能在短期内使班级的纪律保持良好，得到领导的表扬，但这种"好"是压出来的。在一个压抑的氛围中，良好的班风是不可能形成的。

要暂时忽视缺点，多表扬。对学生来说，班级生活是一个美妙的开局。尽管班级还有很多问题，但班主任的做法无疑会给学生一种鼓励。那就是，只要我们共同努力，我们一定会越来越好的。你看，班级里出现了那么多好的现象，难道不令人欣喜吗？

进入第三周，表扬在继续。不过，到了周五的时候，我在民意调查表中增加了一个内容："本周我要指出×××同学的问题，理由是……"

调查结果出来后，表扬的内容依然在班级里大声朗读，公布在家校联系单上。而批评的内容，则秘而不宣，私下里找该生了解情况、谈心。这样既给了学生面子，保护了他的自尊心，也给了这个学生一次改正错误的机会。同时，让学生知道，优点是大量的、主流的，但并非没有问题。有了问题就需要指出，这就是班级今后需要改进的地方。班风建设，就是要培养学生的价值观、荣辱观，知道什么是好的，什么是不好的；什么能做，什么不能做。有表扬也有委婉的批评，帮助学生从正反两方面正确评价自己和别人。在指出别人缺点的同时，也是提醒自己：如果我这样做了，别人也会这样看我的。个体汇成集体，每个学生都关注自己在班级里的影响和位置时，班风建设已经在悄悄进行之中了。

第四周，如法炮制。

（江苏省昆山市葛江中学　于洁）

3. 第一次考试

考风考纪是班风建设中非常重要的一个方面，不仅关乎学生的诚信品德培养，也影响到学生对班级的信任感、安全感。这个问题不解决好，一旦形成风气，再想治理，那就难上加难了。所以，第一次考试的考风不可忽视。

【经验分享】借考风树班风

开学后一个月，年级举行第一次月考。我认为这件事很重要，第一次考试的气场将决定或在很大程度上影响着班级今后的考风。而且，第一次考试的考风相对来说比较好抓，毕竟大家都是第一次在这个班级考试，都在试探，看看其他同学的表现，掂量一下自己应该在这个集体中采取什么姿态。注意，他们都不是一张白纸，在过去的学校、过去的班级有着不同的班风和习惯，这些习惯有好的也有不好的。如果是坏习惯，他们参加考试，或多或少会受到影响，只是第一次会因为不熟悉同伴的底细而比较收敛。如果可以找到同伴，那就很容易在新的班级中延续。

凡是与班级教育有关的第一次都是很重要的，一些重要的教育契机就藏在这许多第一次中。特别是考试风气，要不遗余力地在第一次就抓好，让孩子们明白这个班级的风气就应该是这样的。他们适应了新班级的气氛，就会在新的班级顺应新的氛围，形成良好的习惯。

考前，我向学生强调，我们班绝不拿自己班的均分和别的班比，绝不因为成绩不好就批评。考试的主要功能是发现学习中的问题，进而解决问题，而不是用分数来评价一个学生。我们班第一次考试，每个人在这个新的集体中的表现都被别人看在眼里，成为你的诚信度的一个指标。第一次考试因为条件所限，不能单人单座，但我认为这样更好，它既考验了我们的自律意识，也给了老师观察每位同学表现的机会，当然也是大家表现的绝好机会。现在我要求，考试时大家目不斜视，保持安静到最后一刻，不要有非分之想。大家都坐在一起，眼睛一瞄，就能看见旁边同学的试卷，这是一个多么大的诱惑啊。你看了一次，就会忍不住看第二次。

第一场考试开始，我拿着试卷来到教室。先没有发试卷，而是打开教室的投影仪，打出一张幻灯片。上面只有醒目的八个大字，用最大号的字体加粗："自尊自爱，诚信考试。"整场考试，学生一动不动。我知道，临收试卷时，一些坏习惯会不自觉地显露出来：看一眼，说几句话。其实，也不是有意在作弊，一些学生认为这没有什么大不了的，就会大意。这是最后的重要时刻，我让最后一排的学生站起来收试卷，其余同学不能讲话，不能往两边看，直到试卷全部收好。

考试结果出来，我很满意，分数非常正常。最容易出问题的英语考试，绝大多数都是选择题，座位靠得那么近，要抵制诱惑真的很不容易。我们班学生的学习成绩也不是那么好，一个学生只考了 28 分，而他的同桌得了高分。我不仅不会批评那个只考了 28 分的学生，反而要表扬他，因为他交出了一份良心试卷。如果因为他这次考得不好，我狠狠批评他，让他觉得分数在我心中是唯一重要的，就会诱导他下次用假分数来对我有所交代。这样，这个孩子就毁了。

在考风问题上，班主任的价值取向直接影响到学生的行为。如果班主任过于看重分数，以此作为评价学生优劣的标准，就会把学生的注意力转移到如何获得分数上，作弊的可能性也就大为增加。如果班主任关注的焦点是真实的考试成绩，以此作为第一标准并影响学生的综合素质评价，就会引导学生向着健康的方向发展。平时考试的主要功能是发现学习中的问题，以利于改进而不是评价，分数才有价值。不仅如此，还要解决学生在家庭中的后顾之忧：考试成绩不好要受到家长的责难，为了过家长这一关而不惜铤而走险。要消除学生的这种恐惧，就要在家长面前强调正确的价值观。如果孩子学习成绩不好却坚持诚信考试，这样的行为应该在家长面前大力表扬，在全班大力表扬，让学生都明白，在这个班级里最光荣的不是考试第一名，而是诚信考试。如果全班都诚信考试了，那全班都要受到表彰。

一个班级是有气场的，气场的主导者就是班主任。人都有从众心理，气场一旦形成，就会形成一种强大的力量，让这个群体中的每一个成员不敢轻易越轨。

（江苏省南京市第三高级中学　陈宇）

（二）把握一天中的每个节点

班风建设在每一天的生活中。陶行知先生说："生活即教育。"班主任要让学生每一天的学习生活都过得有规律、充实、有序，时时培养和巩固好习惯，在真实的生活中打造优良班风。

【经验分享】一日安排有讲究

（1）编制一张学生一天的活动时间安排表

一般来说，学生在学校里的一天活动安排依据只有课程表。但是，课程表只能显示上课的科目和时间，没有课外时间的安排。班主任可以根据学校的作息时间和班级具体情况，另行编制一张时间安排表，把学生一天的学习、活动流程全部写清楚。时间表的编制可以参照学生校内活动时间安排表。

学生校内活动时间安排表

时间段	时间	星期一	星期二	星期三	星期四	星期五
上午	7：20—7：30	班委点评、励志教育读本诵读				
	7：30—8：00	早读				
	8：00—11：55	上课时间				
中午	11：55—12：30	午餐时间				
	12：30—12：40	每周一歌				
	12：40—13：10	午间影院	自行安排	自行安排	合唱团排练	午间影院
	13：10—13：40	休息时间				
下午	13：40—17：15	上课时间				
	17：15—18：00	体育锻炼时间				主题班会

这样的时间表可以让班级生活始终处于有序的状态，帮助学生养成合理规划时间的习惯，到什么时候做什么事。

（2）早晨到校时间比学校规定的稍微提前一点

班主任可以规定学生比学校要求的时间稍稍提前一点儿进班。班主任自己也要养成早到校的习惯，特别是在培养学生自主管理阶段，要尽量身体力行。待班级良性运转之后，可以不必每天早到，但是，我们仍然建议，班主任要尽量早到，为学生树立榜样。

提前到校，可以解决好以下几个方面的问题。

打了提前量，可以大幅度减少真正迟到的人数。如果因常规工作出色而得到学校表扬，可以提升学生的集体荣誉感；可以比较从容地做好课前准备工作，以良好的状态开始一天的学习；每天提前一点儿，可以多做一点儿事，积少成多，坚持下去，就会有很大的收获；可以由此做延伸教育，帮助学生养成凡事快人一步的习惯，进而形成一种优良的班级传统。

不过，班主任在要求学生提前到校的问题上，要注意以下几点。

第一，要做好宣传工作。要广而告之打提前量带来的好处，而不是仅仅局限在防止迟到被扣分上，以免引起学生的反感和抵触。

第二，注意天气的变化和住得较远的学生的实际情况，弹性处理学生迟到问题。比如，可以规定每人每月可以有一到两次免于处罚的无理由迟到机会，但是要加强教育和指导。

第三，提前的时间不宜太长，以不超过十分钟为宜。

第四，组织好学生早读前的活动，让学生有事做、动起来。无事就会生非。有的班主任只是片面地规定学生提前到校，但又不安排好学生的活动，导致学生早来之后或者闲聊、哄闹，或者抄袭作业，班级从一大早就进入混乱状态。比较合理的安排有：第一时间交齐作业、做好课前准备、晨跑、班委点评、朗读，等等。总之，要让学生养成一进校就开始有序地安排活动的习惯。

在上面的表格中我们可以看到，该班规定提前十分钟进班，进行班委点评和励志读本诵读活动，这就把时间充分利用起来了。

一日之计在于晨。早晨抓好了，班级井然有序，对一天学习和活动的正常开展都很有好处。

（3）安排好中午的时间

半天的课上下来，学生比较疲劳，卫生状况开始下降，班级也积累了一些问题。中午，是一天工作的中场休息时间，也是班级管理的薄弱环节，班主任尤其要重视这个时间段的安排。建议如下。

利用边角时间播放一些好听的音乐、歌曲。这项工作可以营造温馨的班级氛围，放松心情，提高学生的艺术修养。由文娱委员负责。

安排一次午间检查。主要是检查卫生保洁情况。如果中午把卫生简单地搞一下，承前启后，对下午的学习活动开展很有利。

不要利用中午的时间上课或考试。中午是休息时间，上课效率很低而且学生最为反感，要把这段时间还给学生。可以利用中午适当安排一些活动，比如播放一些课外的视频，但不要把中午的时间全部占满，学生可以自由支配的时间，目前在学校里，也只有中午了。

（4）放学时必做的四件事

下午放学，一天的校内活动结束了，这又是一个管理的时间节点。班主任依然不能放松，要善始善终。建议班主任们安排好每天放学时的工作，由专人负责。此时，班主任除非特殊情况，要尽量到班级里去。班主任要加强教育工作，帮助学生养成放学时的好习惯，完成自己分内的事才能离开。

放学后的卫生是常规工作，建议班主任安排专门的检查人员（如劳动委员和执勤班委），查漏补缺，填写检查记录，关门关窗关闭电源，确保班级的整洁和安全。我们把这项工作称为"班级工作的最后一道防线"，也是不可遗漏的一个细节。

只有所有的细节都做好了，班级才会井然有序，高效运转。良好的班风就是由很多这样的好习惯组成的。

班主任要把放学的程序清楚地告知学生，并加强指导和训练，帮助学生养成良好的习惯。每个人都有了良好的习惯，班级的整体风气就好了。比如，我规定我班学生在放学时必须做完以下几件事后才能离开。

整理桌面和抽屉内部。桌面保持清洁，抽屉里不留杂物，垃圾自己带走。

将课桌按坐标排好。每张课桌都有自己的坐标，课桌的后脚贴地面的是纬线，左侧（或者右侧）贴地面的是经线，学生将椅子推入课桌底下的空间。

查清洁。低头检查一下自己座位周边有无纸屑或垃圾，如果有，及时捡起并带走。

说再见。如果老师站在门口，离开教室时要对老师说"再见"，老师要以"再见"回应。

以上前三点都纳入班委检查范围，第四点则并不需刻意要求，因为只要班主任站在门口，学生自然会打招呼。如果学生忘了，班主任就主动和学生先打招呼。其实，这也是在提醒学生注意文明礼仪。

虽然只是四件小事，但是，每天要坚持，并养成行为习惯，这需要长期的培养和不厌其烦的耐心指导、教育，才能有收获。这样做很值得。通过坚持做这些小事，学生的文明素养将得以提升，优良的班风就这样一点一点形成了。

（三）契机无处不在，细致到一言一行

班主任对一些细节的关注和及时的教育，无论是对个别人的还是对集体的，都对班风的形成有很大的帮助。要做到"处处皆教育"，班主任只要用心，就会及时发现问题，抓住机会，巧妙引导。下面案例中描述的情况，在我们的教育管理工作中随处可见。如果我们能以敏锐的视角，观察到这些问题，及时教育引导，就可以积小胜为大胜，让好的习惯和品行在学生

的心里逐渐扎根。

【经验分享】座位小环境，责任大事情

我们班级规定，学生座位周边都是各人的责任区，每个学生必须保证责任区的整洁。

一天，蕴芝来找我，非要拉着我去看她的座位。我去看了，一地的垃圾，还有奶茶杯子，没喝完，奶茶流了一地。蕴芝对我说："您看看，我怎么坐得下去，都是他们扔的，脏死了。"

这已经不是第一个人对我说这话了。我在班里看到一些状况，有时会随口提醒学生一句："你座位旁边有张废纸。"而学生一般都是这样回答："这不是我干的……"

其实，我并没有追究哪个人的意思，但学生的回答往往是条件反射式的。前天，我让一位女生把自己座位周围的卫生搞一下，叫了两次，没见动静。我把她请到了办公室，对她说："我知道你为什么不打扫，因为你认为不是你扔的垃圾。他也可以说，这不是他的地方，他为什么要为别人打扫呢？……"

个别谈话显然被动低效。为了转变学生这种逃避责任的心理，我专门就此开展了教育，并把"这不是我干的"列为"班级禁语"之一。

我这样教育学生："一句'不是我扔的'，就可以回避自己的责任吗？就可以听任垃圾在你身边泛滥吗？我并没有批评谁，只是提醒大家，我们都有责任让环境变得更清洁。从一个小小的纸袋，可以看出我们的责任心，看出我们是以什么样的心态参与社会活动。有了这样的心态，我们就不难理解为什么总有人会忘了做值日，为什么我们的教室经常空无一人却电灯大开，也不难理解为什么一张纸在我们身边可以静静地躺上一天……"

责任意识要常抓不懈。有一天下午放学后，我巡视教室，发现一个女生座位旁的垃圾袋没有带走，可她已经回家了。我当即一个电话打到她家，说："你丢了东西在学校，请赶紧过来拿。"她怎么也想不起来丢了什么东

西。我没有作解释，只是请她在最短的时间里赶回学校，语气很严厉。她很紧张，居然打车赶到学校，和她一起来的，还有她的父亲。来了之后，我请她在自己的座位上找。还是在她父亲的提示下，她才意识到是自己的垃圾袋没有带走。

处理完垃圾，我和她谈话，再次问她："你现在知道丢了什么东西吗？"她只回答了一句："我丢掉了自己的责任！"

我为这位学生的醒悟而感动。是啊，我们会经常丢失一些东西，但是没关系，从哪里丢掉就从哪里捡起来，无论是垃圾还是自己的责任。

（江苏省南京市第三高级中学　陈宇）

五、风气不正怎么办

【困惑】风气不正怎么办

为什么有些学生，做好事却怕同学嘲笑，面对不良的行为选择视而不见、隐瞒包庇甚至纵容？违纪者却洋洋得意，视为荣耀。怎样才能使学生由衷地赞美正确的言行，敢于抵制不良行为？怎样才能使耻者知耻，勇于改掉不良习气？

【为你解惑】引导方向，搭建平台，让舆论正向发展

学生中没有正义感和耻辱感，班级就会正气不足、凝聚力不强。在扶正压邪、奖善罚恶的过程中，舆论具有行政命令和规章制度所不可代替的特殊作用。正确的舆论是一种巨大的教育力量，对班级每个成员都有约束、感染、熏陶、激励的作用。

建设正确的班级舆论要注意两个方面。

一要搭建平台，正向、有序引导。把班级舆论方向放在战略的高度，把即时性的点拨与有计划的干预相结合，将敏锐地发现、智慧地引领与全

局考虑、系统有序地培养相结合，就能让班级正向的舆论成为主导。

二要培养能力，让正向舆论成为可能。只有培养学生理性思考的能力、真诚恰当的表达能力，正向舆论才能成为主流。班主任可利用辩论会等形式，培养学生的辨别能力、表达能力，避免舆论成为控制、打压的武器，同时也能让舆论起到有效监督、促进内省的作用。

【经验分享】正确的舆论关键在引导

班风的一个重要指标是舆论导向，具体表现在价值观、荣辱观、学习观、生活观。优秀的团队一定是有正确的价值取向的，知道以什么为荣以什么为耻，这个大是大非的问题容不得含糊。如果班级里一个同学做了不好的事，他得到的应该是全班同学有声或无声的谴责，而不是默许甚至是赞同。

在创设健康的班级舆论氛围方面，班主任可以采取以下措施。

（1）及时评议

①班主任点评。班主任需要就班级近期的问题做及时点评，点评既要有肯定，也要有鞭策。要特别注意，不要总是批评，要以表扬和鼓励为主。表扬好的，其实就是间接地指出不好的。

在点评中，还要注意树立正面典型形象。这个正面形象也需要得到学生的认可，最好是从学生中产生而不仅仅是班主任指定的，否则易造成被表扬的学生受到孤立。这样的表扬就变成了捧杀。

当然，有些方面难以发现榜样，及时批评、引导也不可少，而且尤其要注意持之以恒地跟踪、引导，直到形成好风气。

例如，一个班级不可能所有的学生都有很强的公德意识，公德意识是慢慢培养出来的，班级里总有一些同学公德意识比较强。要以他们作为榜样，带动其他同学遵守公德，共同营造良好的班风。我们班的包干区是教学楼的楼道，楼道走廊经常有很多乱扔的垃圾，学生随手乱丢，不当回事。

我们排了值日生，每天早、中、晚三次打扫，但没有多少效果。早晨刚扫完就被弄脏了，一个上午包干区始终是脏的；中午扫干净了，到了下午人多的时候，又开始脏了。

对此，我是这样教育学生的。

包干区是我们班的脸面，包干区脏乱是谁的损失？全班的损失！这不是几个值日生的问题，也不是每天打扫几次的问题。包干区是我们全班的包干区，人人都有责任，包括我。每天的值日生在固定时间打扫。平时呢？我们都是值日生。每次走过我们的包干区，要留意一下，看到垃圾要随手捡起。这个说起来不难，但是真正做好，却是对我们班同学责任心的考验。记住：看到垃圾不要骂别人素质低，也不要想今天是谁值日，更不要麻木到视而不见、扬长而去，只要稍稍停留一下捡起来。

动员完了，接下来的几天效果还不错。但任何事都不是那么容易的，有时我还是看见有垃圾没人捡。有一天，我发现楼梯上有一个奶茶杯子，我想做个试验，看看它到底能躺在那里多长时间。所以，我有意没去捡。结果，我很失望，从早晨一直到中午，这个杯子一直躺在那里，没有人去捡起来。

我拿着杯子来到班上，开了一次班会。我说，这是我们班级的耻辱！半天下来，走过这段楼梯的人谁都看见了，却没有一个人捡，我们的责任心到哪里去了？要知道这是我们的地盘，我们不爱护，谁来帮我们爱护呢？以后如果垃圾在我们的包干区内停留两节课以上，我就要来严厉地批评大家，而值日生和班干部是首要责任人。

通过长期的、反复的教育，"人人都是值日生"的理念慢慢融进了学生的心里，也很少再看到垃圾长时间在我们的包干区停留，偶尔出现的废纸和包装袋总会有人及时地捡起。当然，我也是这样做的。

②（执勤）班委点评。每天利用一两分钟时间由负责执勤的班委对班级情况做一个简单的点评，指出好的地方和存在的问题。班委应该有一份班级日志，记载班级事务，包括每日点评。点评的时间有两个：一个是临放学前，总结一天的情况；另一个是在早晨，点评前一天的情况。

这项工作坚持下去，形成传统，对班风建设会起到积极影响。而且，由学生自己点评自己，比较容易被学生接受。

（2）活动引导

可积极参与学校和社会的各种活动，精心设计组织，引导班级舆论，形成班级的凝聚力。

可开展各种主题班会课，结合班情、学情，开展不同主题的系列主题班会课，引导舆论。如主题演讲，演讲者可以是班主任，也可以是学生，还可以在班级里举办小型演讲比赛。班主任可以在演讲的题材上动一些脑筋，巧妙地融入班风建设的内容。如辩论会，班级里出现的热点问题，只要适合，都可以做辩论会的题材，像"学生手机进校园的利与弊"、"常规量化评分的利与弊"、"能不能在学校吃零食"，等等。需要注意的是，辩论的问题不能有一边倒的倾向，否则就失去了"辩"的价值。另外，班风建设中有的原则性问题是不能辩论的，否则会对学生产生误导。

在此，介绍我班的一种有效形式——小组讨论会。具体做法如下。

每隔一段时间（比如一个月），利用一次班会课，将学生分成若干小组，临时改变教室布置，组员围坐在一起议事。分组可以是自然组，也可以是自由组合。每组选一名组长和一名记录员。座谈会讨论的议题来源有两个：班主任设置的和从学生那里收集来的，都是班级里的热点话题，如对班级管理制度、做法提出意见和建议，班风建设中出现的各种问题等。

每次讨论的议题不必太多，事先印好提纲分发给组员，大家就议题畅所欲言，记录员负责记录。座谈会的最后留出一定的时间，由每组的组长做总结性发言，会后根据整理的会议记录形成文字汇总，提交班主任。另一种方式是小组提案，由若干组员发起，形成文字后提交班主任。

我们经过实践检验发现，小组座谈会的方式对改进班级工作的作用非常大。学生发言积极，气氛活跃，提案也很有价值。通过这种方式，班主任可以很好地掌握学生的思想、行为动态，也可以发现工作中的成功之处和不足，是班级民主自治管理的好方法。利用这种形式，既可以巧妙地引导舆论走向，帮助学生形成正面积极的价值观，也增强了学生的主人翁意识。

（3）板报、海报、班级报纸等宣传

黑板报是很重要的宣传工具，也是班级文化的组成部分之一。要把教室后的黑板利用起来，作为宣讲班风的窗口。海报是一种大家很喜爱的形式，比黑板报更及时、更灵活，可以与之配合使用。用海报的形式宣传班级的好人好事或有意义的活动，效果很好。如果有可能，创办一份班报就更好了，报纸的信息量更大，影响力也更大。班主任可以发动有热情、有才艺的学生组成班刊编辑部，把同学们关心的、喜闻乐见的事情，同学们的好文章、好作品，都发表在报纸上。

（4）周记、书信、公开信、倡议书等导向

我把你看成家人，所以我对你好；你把我看成家人，却总伤我心。

我笑着对你说："衣服很漂亮嘛！校服呢？"其实我心里很难过。

你满不在乎地说："在教室呢。"其实你根本不会看到我的难过。

和你做了无数次的交谈，只是想让你进步，让你对得起自己的青春，对得起我们的班集体。我要你母亲理解你，而你，已经十七岁了，你理解过谁？

只因为我关心你，我才会为你伤心，也为我们这个集体伤心。连我们自己的家人都不爱护这个家，还指望谁来爱护呢？

如果你真的喜欢这个班级，如果你真的拿我当成自家人，你一定不会这么由着性子来。你的背后，有多少双眼睛在看着你，在等待你拿出行动。我们的集体，就缺你了。

从现在开始，我不和你谈，只看你的行动，随时准备为你的进步喝彩。等到那一天，我一定把最好的微笑送给你。我们大家，都在前面等着你，因为，我们是一个团结的集体，不能让任何人掉队。

好孩子，能赶上来吗？我想，你一定可以的。记住，你的校服不仅属

于你，更属于这个班级，这个你最爱的班级……

爱你的老班

文字的教育力量是巨大的。如果班主任会写，不妨将这项本领多多地用于教育，用文字打动、影响学生。即使班主任并不擅长写作，也可以借助一些资源，比如书刊、报纸上的好文章、学生自己写的优秀文章或周记等对学生进行引导。

书信，是表达心声的好方式。班主任给学生写信，或者给全班同学发公开信，对学生的教育和激励作用是巨大的，对班风建设的意义自然也非同一般。

（5）网络沟通

网络已经成为最大众化、最方便快捷的媒体。利用网络拓展教育时空是当下班主任研究的一个课题。其中，利用网络引导舆论就是一种非常有效的手段。班主任可以成立班级同学 QQ 群、家长 QQ 群、班级博客、班级讨论版。在网络上，师生可以平等地交流，互换信息；班主任也可以借此宣传自己的治班理念和做法，与学生讨论。一个虚拟的社区和一个真实的班级相互配合，对班风的影响是很大的。

（6）建立一定的奖惩制度和监督机制

在对做得好的予以大力表扬的同时，也要有一定的奖惩机制。

比如，在公德意识的培养中，在班级量化评分的制度中，对一些好的行为，如主动在包干区内捡起垃圾、帮助同学、向班级捐赠物品、参加公益劳动，等等，除了口头表扬外，还要做一些认定与加分，给予一定的奖赏。对班级中出现的有违公德的事要旗帜鲜明地指出，进行批评教育并实施一定的惩戒。有些行为，像在教室里吃气味较重的食品、乱扔垃圾、上自习课随意讲话、对同学恶作剧，等等，不仅仅是坏习惯、小毛病的问题，要提高到公德意识层面教育。要让每一个人都明白，自己是集体的一名成员，所作所为都要在集体中得到评判，自己的行为必须考虑其他人的感受，要用自己的言行树立在班级中的地位和形象。

　　班主任应该就涉及公共秩序的问题在全班进行讨论，和学生商定解决方案，以制度的形式固定下来，并坚持严格执行，帮助学生养成良好的习惯。具体的处罚措施可以根据具体班情，和同学们协商制定。

　　惩戒不是目的，而是要帮助学生培养规则意识。

　　班级有了正确的舆论导向，对班风的形成有着重要的意义，所以，班主任一定要占领舆论的制高点，利用一切可能的手段，宣传造势，在班级里树正气，形成健康的舆论氛围，不让歪风邪气有市场和话语权。（江苏省南京市第三高级中学　陈宇）

六、纪律严了，班风就好了吗

【困惑】纪律严了，班风就好了吗

　　组建新班之初，我精心制定了各项班规、各种奖惩方案，可为什么，我的班死气沉沉？为什么，我的学生当面一套、背后一套？

【为你解惑】班风建设，不能只靠制度和纪律

　　班风建设中最常用的是"以法治班"。通过班级常规的建立，规范学生在校学习、生活、活动等各方面的行为纪律，使学生以此为镜，检视言行，从而使学生个体养成良好行为习惯，进而打造良好班风。

　　如何建立班级常规呢？不同的班主任有不同的方法。从表现形式上看，有口头的，有书面的；从表达风格上看，有公约式的，有规章制度式的。班规应该定多少条、多少款，没有定规，有的三言两语，有的针对班级的方方面面，细化到每一个环节，学生行为，事事有依据，件件可衡量。有了约束、规范，学生会清楚哪些要做，哪些绝不可为。这样，在治班过程中，就确保了"有法可依"；在管理班级时，就可以"按章办事"。无论何

种形式，合适的、科学的，就是最好的。其原则是"班主任主导，学生主体"。让每个学生为班级的发展作出自己的思考，贡献智慧。而且学生参与班级公约的制定，以后执行起来障碍就会小得多。

但是，班规绝不是班风建设的万能法宝。看似制度面前人人平等，可当我们一味拿着一把尺子去衡量、评价学生时，我们究竟又扮演着什么角色？规则式的管理是双刃剑，一味依赖，危害将是深远的。我们应该审视自己的教育行为，找到真正的管理智慧。

【观点】今天我们当如何经营班级纪律

我自己也担任过中学班级管理工作，据我所知，并不是很多班主任都能够意识到，班级纪律是一把锋利的双刃剑——在提升班风班貌的旗帜下，逼迫个体向群体靠拢，最后导致学生个性的消失，随之消失的还有学生的活力、创造力，甚至是智慧。如果将问题简化，我们还可以说，正是因为我国中小学太过于强调班级纪律，才导致班级生活的压抑与辛苦，才有那么多学生讨厌甚至痛恨学校生活。班主任必须深刻认识纪律的本质，反思班级生活中的种种想当然的正确"存在"，检讨自己的行为，才能思考改进班级纪律管理的策略。

那么，班主任还要不要经营班级纪律？

当然要管。个体不可能脱离社会生存，必须接受社会化教育，这是人类教育的基本规律与诉求。在制度化的现代教育体系中，教师是社会的代言人，承担着提升青少年的社会化包括守纪与自律的教育工作。放弃班级纪律的经营，本身就是不负责任的行为，同时也会妨碍班级生活的正常运行，导致班级生活的全面失谐，最终损害群体的利益。班级纪律的管理是班主任工作的重要组成部分，对此不能否认，问题是要怎样进行管理。

班主任究竟该怎么管理班级纪律呢？

其一，要转变视角。当我们将学生视为一群泛化的群体，而不是一个个具有独特性的个人时，学生会对教师构成挑战，令班主任头痛甚至讨厌。

我们需转变视角，从"具体他者"的角度去审视学生，将学生视为拥有历史、需求、欲望的完整的人。这种视角和责任相互联系，伴随着爱、关怀、同情和团结——教师会自觉地将学生的问题与自己的责任、努力、教育能力联系在一起，认为学生的纪律问题也是自己的问题，能站在学生的角度思考，具有较强的道德移情思维能力。

其二，要善于剥离学生违纪中的外部激发因素。一些班主任将班级纪律问题与自己的管理能力联系在一起，将各种违纪现象解读为自己能力的不足，害怕学生违纪会削弱自己在同事与领导眼中的形象，这就容易滑向为了纪律而严格要求纪律的境地，风声鹤唳、草木皆兵，动辄"上纲上线"，从而人为地制造出纪律问题。过于严厉与压抑的班级纪律管理，必然会招致天性活泼的学生的反感。违纪现象不一定是学生自律能力薄弱，而是对某种管理氛围、管理风格、管理要求的对抗与敌视。比如，若班主任担心和平行班比较时处于下风，执行了比较苛刻的纪律标准，或者在班级管理中言行有失公允，就容易导致部分学生产生对抗心理而出现故意违纪行为。审慎处理班级纪律问题的班主任，应该能够识别学生对不合理、不科学、不符合教育规律的规章制度的反抗，通过改善管理环境来治理纪律问题，而不是直接打压。

其三，要具有一定的"时空与人际之间的穿越能力"。班主任在处理违纪行为时，首先是能将自己的视点置于未来几十年的社会语境中，在未来的历史中回顾我们当前的生活。或者站在当前，回顾几十年的生活，在时间的穿越中给予违纪行为以宽容理解。比如，将时间后推几十年，再看看困扰当前某些学校的男生染发现象——或许20年过去，男生染发已经成为普遍现象，染发已经是个人对美的追求，不再像今天一样受到班主任乃至学校的"另眼看待"；再如，如果我们回头去看改革开放初期，那个时候，如果班上有女生穿了紧身裤，都可能引起大家不怀好意的揣测，但今天看来，这已经无关风化了。在时间的长河中穿梭，可以赋予我们超脱的思想，敢于正视与理解目前具有一定挑战性的学生行为，从而正确地界定行为的性质，恰当地处理所谓的违纪行为。

此外，班主任在空间中的类似比较，也可以达到类似的效果。比如，如果在改革开放时期，我们的比较对象是美国的青少年，就不会歧视国内的紧身裤了。

在人际之间穿越指的是，当我们面对学生的违纪现象时，不妨回忆一下自己的学生时代，是不是也有过类似的违纪行为，这种违纪行为真的如我们所想的那样可怕吗？显然，每个人，包括一些比较优秀的人，都可能有过各种各样的违纪行为，但这些行为对我们的成长并没有构成决定性影响，相反，其中的有些经历还让我们津津乐道。顺着这个话题，我们可以进入下面一条建议。

其四，深思目标。当班主任以各种方式制定班级纪律条例或者处理违纪行为时，需要思考：我们究竟想培养什么样的人？我国学生的可悲之处就在于，从小学到大学，通过长期的纪律规训，变得千人一面，唯唯诺诺，不敢越雷池一步，失去了生命应有的灵动与张扬。这种局面与培养21世纪富有朝气、敢于挑战的青年人才格格不入。每个班主任面对一条条具体的"应该"与"不许"禁令时，都要深入地思考这个问题，仔细甄别每条纪律要求的教育价值与潜在危害，俯视班级生活的时候，也要抬头环视周围的世界，并且能够以穿透人生的目光，去处理班级生活中微末但却影响深远的问题。

其五，要改变对班级纪律的认知。纪律问题是困扰世界教育的普遍性问题，不是我国独有的现象。我们不能否认班主任善意的出发点，但是，正是出于教师对纪律的恐惧感，导致部分班主任对纪律问题高度敏感。班主任要能够认识到，纪律将永远是伴随教育的现象，是群体生活必不可少的构成部分，出现纪律问题并不值得惊讶，更不应该震怒，从某种程度上讲，沉默的班级远远比喧闹的班级要恐怖得多。此外，排除学生的某些特殊行为，一些违纪现象可以被视为道德问题加以对待，对于这类问题的处理，惩罚远远不够，还需要德育的跟进。将注意力放在班级德育之上，远远比放在班级纪律之上，对纪律更具建设性作用。

（长江师范学院 杨晓峰）

【经验分享1】 我班不设纪律委员

不知道从什么时间开始，班里出现了一个特殊的行政职务——纪律委员。很容易理解，这是一个吃力不讨好的角色。纪律委员，在班里位高权重，有学生违纪，可以随时大喝一声；如若不见效，可以敲打桌椅警示；再不见效，甚至可以直接敲脑门。一位纪律委员累了，可以两位；如若不行，还可以一组一位。不能以男孩子以暴制暴，就用女孩子以柔克刚。德高望重的不力，就委重任于班里最捣蛋的那位。

可事实上呢？班里的纪律，有人管时，静如平湖；没人管时，却惊涛骇浪。也有越管越乱者，也有把班级变成一潭死水者。

每接手一个新班，我都会问学生需要设置哪些班干部。

"班长是一定要的。"大家都说。

"是的，还有呢？"

"纪律委员。"学生们几乎都会想到这一岗位。

"能不能不要？"我问。

多数愕然。但很快就有人喊到："不要啦！"这喊声中分明夹杂着几分兴奋，看来是被"压迫"过的。

"不要纪律委员，不等于不要纪律了吧。那么怎么办？"

"你来管呗！"

"自己管自己呗！"……

"如果自己能管好自己的话，还真的就不需要什么纪律委员了，我们不妨试一下。"我当即拍板。

其实，这种讨论，本身就是一种要求和教育。这不仅让他们感受到了我们教育者的宽容，同时也是一种自我的教育。纪律委员设不设，纪律规定上墙不上墙，都不是最重要的。许多时候，我们习惯于给他们划一个圈。如同《西游记》中的孙悟空给唐僧划的圈一样，如若不能让他们自己意识到危险，他们自己不经意地就会走出那个圈。到头来，我们还是要忙着收拾烂摊子，要不停地"降妖除魔"。要培养他们相当的抗病能力和让他们意识到注意健康是同等重要的。

每次，我带的班里，都没设置纪律委员。结果，纪律都很好。这其中，一是我对他们的信任，二是他们对自己的负责。有信任和责任，什么事都会好办得多。

孩子毕竟还是孩子，总会有成长过程中的不安或逆反。不时违纪还是会有的。除了批评、指正之外，我想，更需要的是正向引领。

一味地对孩子强调纪律或斥责他们违反纪律，其实最多只是让他们不去触碰高压线；而多一些正向的引领，则给他们指明了成长的方向，会诱导孩子们向着明亮那方……让他们努力地长成一棵树，而不要变成一株草。

概述之，纪律，起于责任，成于信任。高压，是一种催逼，不是教育。教育，是一种唤醒，是一种引领——把所有的孩子一步步地引向高处。

（江苏省南京市南京树人国际学校　贺华义）

【经验分享2】用好"自己人效应"，让学生不好意思违纪

如何处理违纪学生，对很多老师而言是件非常头痛的事。特别是有些学生一而再、再而三地违纪，教师如果处理不好，会严重影响班级风气。在处理学生的违纪问题上，如果教师采取强硬的态度，可能会引发违纪学生的逆反心理，让教师疲于应付，成为救火队员。当然，如果教师能做到未雨绸缪，把学生的违纪现象消灭在萌芽状态，自然轻松多了。

正如《我班不设纪律委员》一文的开头所提到的，纪律委员"是一个吃力不讨好的角色"，而且纪律委员的人选也难挑选。贺老师索性就不设置该职，结果班级的纪律反而好起来了。其实，贺老师的做法的背后就是建立了和谐的师生关系，学生觉得老师信任自己，就不好意思辜负老师的信任。这样，违纪现象自然就少了，不设纪律委员反而比设置纪律委员的效果要好。

在减少和处理学生违纪问题上，教师如能利用好心理学上的"自己人

效应"，就能起到事半功倍的效果。"自己人效应"是人际交往中有意施加影响的技巧，是指对"自己人"所说的话更信赖、更容易接受。比如，教师处理学生违纪问题，其实就是有意识地影响学生，以矫正学生的违纪行为。如果学生一开始把教师看作"自己人"，就不好意思违反纪律了。而如果学生把教师看作自己的对立面，他们就容易和老师对着干，不仅会违纪，而且会反复违纪。反之，学生把教师看作"自己人"，自然就会听老师的话。

"自己人效应"值得教师反思建立和谐师生关系的重要意义。所谓"亲其师，信其道"，即便是违纪后，学生也会更好地反省自己，尽可能减少违纪行为。

我觉得，建立和谐的师生关系，教师在以下三个方面要有所作为。

第一，站在学生的立场上说话。

教师要让学生感觉到自己是他们中的一员，说话的时候，就需要站在学生的立场，多为学生考虑，让学生感受到老师是真心实意为他们着想。这样，教师可以让学生感到老师跟他们是一伙的，把老师当成他们的自己人，从而拉近师生间的心理距离。

这一点，考量着教师的说话艺术。即便是批评学生，也能让学生感受到教师在为他们考虑。这样就能在很大程度上化解他们的敌意，进而能够接受批评。

因此，教师要有对学生说话时"良药不苦，忠言顺耳"的艺术。这样，学生就不会在接受批评时有一种内在的排斥心理。

教师站在学生的立场上讲话的时间长了，学生把教师当作自己人了，"自己人效应"就慢慢形成了，教师说的话，学生自然就更乐于接受了。

第二，和学生拥有共同的语言。

教师要了解学生的兴趣、爱好，和学生有共同的语言，才能让学生更进一步地感受到教师和自己的近距离，"自己人效应"才能更加凸显。

知名教育评论人吴志翔（塞林）曾写过《当"书面体"遭遇"动漫体"》一文，读来发人深省。的确，现在的孩子是在电子网络文化、大众消费文化的怀抱里长大的，我们教师对他们的世界终究显得隔膜。比如，他们嘴里经常冒出很多卡通人物的名字，那些名字漂浮在这个喧嚣时代的空气中，那些形象闪烁在电脑、手机以及其他电子介质的屏幕中，我们闻所未闻——但是我们要求他们掌握古典形态的文化知识，要求他们背下牢牢印在纸面上的人名、地名；他们谈论游戏装备，我们不懂；他们说到 cos-play，我们不懂；他们议论"后舍男生"，我们不懂——但是我们要求他们必须"学好英文、学好古文、学好周树人"。

事实上，网络游戏不仅仅成为学生娱乐的工具，同时也是他们人际交流的重要话题。不然，学生就很难融入相应的圈子。学生的爱好与他们的群体归属感是有一定的关系的。

当然，不可能每位教师都去体验网络游戏，但这毕竟给了我们一种思路。那就是，我们首先得知道学生喜欢什么，这样才更有利于开展工作。

"要了解学生，就要先关注他们喜欢什么。他们喜欢玩游戏，那我也可以去玩一玩，看看到底是什么地方吸引他们了，这样做工作更有针对性。"这是一位管理卓有成效的班主任所说的话。"你可以不和他有同样的兴趣，但你要主动接纳他们的兴趣"，这样才能搭建起与学生沟通的桥梁。

第三，对学生进行积极的关注。

对学生来说，他们是非常在意他人尤其是老师对自己的评价的。对教师而言，恰到好处的表扬是激励学生努力前进的"重要推动力"，同时这又是无成本的。当学生表现突出或有进步时，教师的一句表扬，能让他们有如沐春风的感觉。当学生表现不好时，教师的一句安慰同样会让学生感到温暖。每个人都不希望自己被忽视，而且老师更是学生的"重要他人"。如果教师一直不关注学生的进步或者退步，会造成师生之间的隔膜，不利于和谐师生关系的建立。

作为教师，要巧妙利用好期望效应，让学生在自己的积极期待下更快地成长。的确，如果学生切实感受到了教师对自己的期待，把老师当成自己人了，怎么还会跟老师对着干呢？

教师的关爱要让学生懂，让学生意识到教师在感受他们的情绪，在接纳他们的不同观点，在维护他们的自尊。学生一旦认为老师和自己是站在同一战线的，自然就更能接受老师对自己的建议，也就不好意思去违反纪律了。

对学生的违纪问题，预防重于处理，建立和谐师生关系，用好"自己人效应"，可以把教师从处理学生违纪的焦头烂额中解放出来，形成良性循环。

（浙江省宁波市镇海区仁爱中学　刘波）

七、如何能让我的班级学风浓厚

【困惑】如何能让我的班级学风浓厚

学生的自主学习能力很差，很多时候都要老师去督促，老师不在他们就讲话，搞小动作；成绩优秀者会比较孤立、自私，不愿意和其他同学分享学习经验和方法；中等生随大流混日子；学困生自暴自弃，整个班级像一盘散沙……针对这样一个学风不浓厚的班级，我该怎么办？

【为你解惑】激活学生内心向上的动力

当我们苦于学生学习不够努力时，当我们感到学风不够浓厚时，我们要问问自己：在学风建设中，我们做了什么？一味地要求，一味地说教很无力。如同汽车需要发动机，学生学习的内在动力没有打开，马力没有加大，学习自然就没有热情。合理目标的设定、自信心的培养、学习习惯的养成、科学的时间管理、良好学习氛围的营造、学习困难的解决，等等，都与调动、激活学生内心向上的动力有着密切关系。

【经验分享1】学风建设的六条途径

学风是班级在长期的学习过程中形成的一种相对稳定的学习风气与学

习氛围，是学生总体学习质量和学习面貌的主要标志，是全体学生群体心理和行为在治学上的综合表现。

学风既是一种氛围，同时又是一种群体行为。学风不仅能使学生受到潜移默化的熏陶和感染，还能内化为一种向上的精神动力。在学风优良的环境里，学生的思想品德、价值观念、行为方式、意志情感等都会发生变化，并反过来对自己的成长和发展产生深远的影响。所以，学风建设是班风建设中很重要的一部分。

学风由六大要素构成。

学习目标。学生的学习应该有一个明确的目标，班级也应该有整体的学习目标，即明确知道自己究竟需要什么，应该往哪个方向努力。需要引发动机，动机推动行为，这是学风建设的基础。

学习态度。学生的学习态度主要体现于对学习重要性的认同、对学习目标的追求、对学习知识的兴趣和情感的浓厚程度。正确的学习态度是学风建设的前提。

学习纪律。这是促使良好学风形成的外部因素。严明的学习纪律，有利于学生自觉维护正常的学习环境和学习秩序，对优良学风的形成起到强有力的保证作用。

学习方法。科学的学习方法是形成良好学风的关键。学习方法得当，会提高效率、少走弯路，容易产生较强的成就感。

学习兴趣。学生的学习相当程度上依赖于对知识的兴趣。只有在充满学习兴趣的气氛中，才能真正形成良好的学风。这是学生学习的内在动力。

学习效果。这是判断学风好坏的终极标准，好的学风带来的是好的学习效果。所以，学习效果对学风的纠正和重塑起着反馈和调控作用。

了解了学风的构成要素，班主任就可以有意识、有针对性地在班级开展学风建设活动。具体建议如下。

（1）描绘班级愿景，设定班级整体学习目标

班级愿景，就是班级里师生"发自内心的愿望"，是班级渴望的未来状

态。班主任用班级发展愿景激发学生，可以产生巨大的前进动力。

班级愿景规划一般分成两个部分：一是班级未来（比如说毕业时）要实现的目标，二是对实现目标后的情景的生动描述。远大的目标应该是清楚、明确而且引人入胜的，它是一个班级共同努力的目标，是团队精神的催化剂。

班主任的工作不仅要着眼当下，更要面向未来。要经常和学生一起憧憬班级的未来，并且为班级设定发展目标，即愿景是如何被付诸实施的。

班级整体学习目标和愿景是建立在学生个人学习目标和愿景之上的。班主任首先要指导学生设定目标，包括远期的（毕业时）、中期的（一个学期）、近期的（半学期），目标要具体，不能大而空。班主任要关注每个学生的学习目标，逐一修改，一式两份。把学生的目标整理成一张大表，后附一格"完成情况记录"。

在每个学生都设定了奋斗目标的基础上，班主任要对班级整体的发展目标作出规划，然后和学生一起商议实现目标的具体做法和实施策略。

有目标的努力和没有目标的努力，效果是完全不同的。所以，设定目标是学风建设的起点。

（2）开展多种形式的励志教育

学生的学习状况和学习态度有必然的联系，自己想学习，一切都不是问题；不想学，再好的老师、再先进的教学手段都无济于事。班主任除了完成自己的教学工作外，还有一个重要的任务就是提高班级整体的学习意识。一个重要的方法是开展励志教育。这不仅可以提升学生的学习动力，对培养学生自立、自强的品质和奋斗、拼搏的意志也有重要的意义。励志教育的手段很多，下列方法供班主任们参考。

励志演讲。班主任不仅可以自己做励志演讲，让学生自己演讲或者在班级里举办励志演讲比赛也是好方法。

故事激励。班主任要争取成为讲故事的高手。尽量不要找一些空洞的、远离学生实际的、可信度较差的"励志故事"，对伟人和名人的轶事也要谨慎选择。可以多用一些学生的真实案例，内容可以宽泛一些，不要局限于高考上大学，还可以是工作或生活上的故事。

现身说法。请故事的主角自己讲自己的经历，如请学生的学长、校友，以过来人的身份，用自己的真实经历告诉现在的学弟、学妹们如何面对挫折、如何战胜困难、如何通过努力最终取得成功。请本班一些同学现身说法也是一种不错的方法。

影视教育。影视片的资源班主任可以自己选择，也可以发动学生推荐。除了观看外，班主任要做引导、点评，也可以组织学生写影评感悟、召开主题班会讨论，让资源充分发挥教育作用。

目标展板。百学须先立志。把上文提及的学生奋斗目标做成卡片，以精美的展板形式展示，既美化了教室环境，又可以时常以此提醒学生精进，每天进步一点，向着目标努力前进。班主任要注意把关，目标要切实可行，不要好高骛远。如果学生达到了既定目标，要及时予以表扬、肯定，并继续制定下一步的目标。

及时奖励。对学习优秀或取得较大进步的学生要设置常态的奖励，比如期中、期末表彰。奖项可以根据自己班级的情况设置，奖励面可以放宽一些。有条件的，可以发一些小奖品，不必很贵重，但是一定要情真意切。带有班主任签名、学校盖章的奖品价值最高，学生会很在意、很重视。

励志读本。自己编制《班级励志教育读本》，内容不仅涉及校内学习，也包括成功人士的文章和演讲，平凡人的感人事迹，可以根据时间和班级状况灵活撷取相关资料学习。文章积累多了，一个相对完整的读本也编成了。让励志教育形成一个系列，有一定的传承，便于补充和更新，可以组织全班同学学习。

（3）打造并保障优良的学习环境

学习环境的优劣是学风好坏的重要标志。在良好的学习环境中，学生可以心无旁骛，尽情遨游在知识的海洋里；同时，良好的环境也能提高学生的自律意识和文明素质。在学习环境的各项指标中，最重要的是课堂纪律和自习课纪律，良好的课堂纪律可以保证教师顺利完成教学任务，让想学习的学生能安心地听讲、思考、做作业。对此，班主任要采取有力的行动。

首先，细心观察和收集教师、学生的反馈意见，了解各门学科上课的课堂纪律状况。

然后，对存在问题的学科采取必要的措施，如加强巡视，召开班会、座谈会，引导学生互相提醒、督促，发挥班干部的力量，制定相关的惩戒措施，等等。

再次，关注班级里的重点人员。一般情况是，影响课堂纪律的总是班里相对固定的几个人，稳住他们，课堂或自习课就基本稳定了。这些人影响课堂纪律的动机和方式都不同，他们或者反应快、很活跃；或者学习成绩好，早已听懂了而且吃不饱，能量无处释放；或者学习有困难，根本听不懂，无事生非；或者素质差，无组织无纪律。所以，不能简单采用一刀切的惩戒方式，要根据他们的个性和心理背景拿出有针对性的解决方案。

（4）发挥成绩优秀学生的"传"、"帮"、"带"作用

学风建设的重要使命是针对不同层次的学生采取不同的方法，力争使每一个学生都能在原有的基础上有所进步、有所发展。两极分化严重是学风不健康的重要标志。有些班主任只培养一些"尖子生"，为自己争面子，让中等生自生自灭，对学困生采取放弃的态度。在成全少数人的同时，牺牲了大部分学生的利益，这是完全违背教育宗旨的。

面向全体学生，是学风建设的重要原则。其基本做法是注重分层次教育引导，在班级各层次的学生之间建立广泛的横向、纵向联系，让全班学生都动起来，共同打造优良学风。班级里成绩优秀的学生是宝贵的资源，是打造优良学风的重要力量，班主任一定要把这个资源开发好。可以采取以下做法。

师徒结对。师徒结对是开发优生资源的传统做法。如果运用得好，会发挥很大的作用；运用得不好，很容易流于形式而没有实质性的效果。怎

样才能让这项工作取得实效呢？首先，需要学生真正地自愿组合、自下而上地组织，而不是班主任一厢情愿地乱点鸳鸯谱。其次，结对活动不要搞摊派，不要轰轰烈烈，而是要落到实处。每一项工作都一步一步地扎实做好，过程好了，才有可能取得好的结果。

师徒结对活动过程

我班"师徒结对"活动分六步走：制定规则、宣传发动、征集对子、师徒签约、过程关注、终端考核奖励。

强调师徒结对的原则是双方自愿。双方需要签订书面协议。"师徒"之间要保持常态的交流，利用课余时间共同研讨学科学习问题。每个月要对互助情况做一次书面汇报，作为周记的内容统一布置。一个学期后，对"师徒结对"的成果进行评估，对效果好的要予以奖励。

小组合作。小组合作与师徒结对做法有类似之处，不同的是人数多一些。一般四人到六人一组，组员应包括班级里各个层次的学生。小组合作主要在课堂讨论、考前复习时用得比较多，在完成课外学习任务（如研究性学习）时也能发挥很好的作用。有了学习小组，教学工作的组织会很有序。每个学习小组可以取一个好听的组名，设定一个组长，但组员之间应该是平等、合作的关系。

班主任可以在班级座位的排布上动一些脑筋，让同一个小组的成员座位相对靠近，便于小组合作活动的开展。

学生讲座。让各门学科成绩优异者或者在课外知识上有特长的给全班同学开微型讲座，介绍学习经验、方法和学习心得、感悟或者课外知识。班主任可予以一定的指导。这项举措如果能坚持下去，可以形成班级传统，由原来的比较随意或零散的行为演变成相对固定的形式。可以作为主题班会课的方式之一，可以称之为"班级百家讲坛"。

学生上课。让学生给同学上课，是一种非常新颖而且有趣的尝试。事实证明，这样做一举多得，效果很好，对班级的学风建设也是一件好事。

学生当老师，可以由两种情况促成。第一，老师因病假或有事不能来上课，学校又不能马上找到代课教师，此时班主任就可以发动学生自己给自己上课。第二，班主任出于特殊的培养要求，有意识地拿出一点课时给学生上课。

学生给同学上课，会有一种自豪感和责任感。他们会积极查找资料，求助老师和同学，精心备课。这对他们的学习能力和表达能力是一种锻炼和提高。学生备课、上课的过程，其实和教师是一样的。通过这种换位体验，学生对教师平时的辛苦付出有了切身的感受，这对培养班级尊师重教的风气大有益处。

对听课的学生而言，他们会感觉非常新颖、有趣，提高了学习兴趣和参与热情。虽然小老师的教学水平不一定很高，但因方式独特，教学效果会较好。

班主任有意识地在班级引入这种新的授课方式，并渐渐形成一种风气和习惯，甚至是班级特色，不仅不会为有时没有老师上课发愁，班级还能因此增加很多乐趣和生机。

（5）加强学法指导

不仅要让学生认真学习，还要让学生学会学习。进行专门的学法指导，是培养优良学风的必要举措。只有让学生会学习了，成绩有了提高，能在学习中找到成就感，才能进一步巩固学习兴趣和动力，实现良性循环。

学法指导不仅在平时的上课中（科任教师会在课堂上见缝插针，随时渗透学法指导，但是不够系统）进行，也需要专门进行。

专门进行的学法指导是面向全班、培养学风的有效举措。指导者可以由下列人员担任：班主任、科任教师、校外专家、有专业特长的家长、成绩优秀的学长或毕业生、本班或他班学生。以上这些资源需要班主任认真开发。

学法指导的内容要有针对性、实用性。可以事先收集学生在学习上的困惑和疑问，以提高学法指导的互动性。专门的学法指导方式很多，主要包括作讲座（传授）、交流（座谈会）、点拨（一对一）、示范、书面和网络指导等。

（6）开展活动，营造氛围

有助于优良学风生成的环境，包括硬环境和软环境两部分。打造适合学习的硬环境有优化教室布置、建立班级图书馆（图书角），等等。而软环境的打造则是更重要的，它包括保障课堂纪律，强化独立作业和考试的管理，设立客观、全面的学习评价体系，健全层次丰富的学习激励机制，开展丰富多彩的班级活动，营造学习氛围。

班主任在学生学习成绩评价上的基本理念是"三看"，即"看起点、看态度、看进步"，而不是简单地比较绝对成绩。我在班级学习成绩管理中曾经尝试过各种评价方法，目前采用的"学习积分制"是相对比较科学的，供老师们参考。

学习积分制

学习积分制的制定主要是参照了体育赛事（如网球）的积分计算方法。其基本思路是每个学生完成作业、参加考试，都可以获得相应的积分。学习任务完成得越出色，积分越高。学习积分反映了学生综合学习能力和水平并兼顾其特长和发展。学生学习时间越长，积分越多，不管考试成绩如何，都有积分。

学生的学习积分由以下三个方面构成。

作业积分：每个学生在开学初都有一个基本积分，完成一个学期各门学科的作业，将拿到这些积分。如果不能完成，每次都将被扣去一定的积分，因病假或事假缺的作业不扣分。

考试积分：学生每参加一次考试都可以获得相应的积分。考试积分的计算方法是——考试科目成绩的年级（或班级）名次乘以"考试系数"。年级名次构成考试基本积分。如年级一共300名学生，第一名就是300个积分，以此类推。

考试系数即考试的规格。我们对不同级别的考试设定了不同的考试系数，从单科单元测验到期末考试，从校内考试到区市统测，设计了考试系数对照表。这样，每参加一门考试，就会得到一次积分，有多少门考试，就有多少次积分。一个学期里学生参加的所有考试成绩汇总，成为他学期最终的考试积分。

奖励积分：积分制考虑学生的进步情况，设置奖励积分表，名次进步越大，获得的奖励积分越多。奖励积分的另一个来源是参加各类学科性的竞赛，这样，对于单科成绩较好或者有特长的学生也是一种鼓励和认可。

学习积分为我们全面评价学生的学习能力和水平提供了依据。总分可以综合反映一个学生的学习状况；单项积分又能反映学生的学习态度和学科特长以及学习进步状况。评价时可分可合。用数据说话，相对比较客观，避免了班主任评价一个学生学习情况的主观和随意。

其次，学习积分具有稳定性、连续性，便于我们观察研究一个学生在校期间学习全程的状况，以制定适合该生发展的个性化方案。

再者，"只加不减"的计算原则让积分始终处于增加状态，发挥了制度的激励作用，让学生能在不同程度上体验成功。积分计算的依据多元化，为每一个孩子都提供了拿分的机会，公平合理。即使学生在考试总分上并不占优，但依然可以从奖励积分中得到很多加分机会；即使某一次或某一门考试成绩不理想，但对他的总积分影响有限，有利于稳定学生的心态。

学习积分制重在学生学习的过程管理，这是符合学校教育宗旨的。

班级中应该设立对学习优秀者、学习进步者和学习上乐于助人者的不同激励机制。激励的层次要丰富，要面广量大。不仅对学习成绩好的学生要奖励，对中等生和学习成绩不佳但有进步或不放弃的学生也要关注到。班主任尤其要注意，在表彰或激励一部分学生的同时，不能挫伤另一部分学生的学习积极性。要努力在班级中营造一种风气，成绩优秀者不骄傲、不自私，成绩后进者不放弃、不自卑，鼓励学生之间展开互帮互助和良性竞争。

班主任还可以适当开展一些活动，征集学生的学习、读书格言并展示，开展读书征文比赛，组织班级（百科或学科）知识竞赛，利用假期或休息日带学生去走访名校等，来营造学习氛围。比如：

一份高中文科班的暑假补充作业

（1）去市图书馆办一张免费的图书证，以便完成相关作业。假期去图书馆不少于三次。

（2）阅读政治、历史学科普及性读物至少各一本，写读书心得或评论各一篇，每篇不少于800字，不得抄袭或从网上下载。开学时上交并在班会课上交流，向你的同学推荐。如果不了解阅读书目，可以请相关学科教师推荐或在网上查询。

（3）阅读文学作品一部（十万字以上的）。最好是名家名作。写书评一篇，不少于800字。

（4）了解近三年本省高考的各级分数线，熟悉高考报名、填志愿和录取的流程。开学后接受班主任的随机询问。

（5）根据自己的爱好或志向以及目前的成绩，确定一所你想报考的大学和专业，通过网络或其他途径了解这所大学近三年来在本省的招生人数、专业的录取分数等情况；了解你选择专业的就业情况和发展趋势；分析自己现在的成绩与理想学校的差距，提出切实可行的达到目标的措施。根据以上工作完成一篇题为《我的大学》的报告，不少于800字。如果有可能，去做一次实地考察，把所见所闻写进报告中并附上图片。

（6）访问至少一名在校大学生，了解大学的学习和生活，完成一篇访谈笔记，不少于800字。要求标注被访者的姓名、所在学校、所学专业、联系方式和访问时间、地点，开学后上交并在班会课上交流。

（7）访问至少一名今年参加高考的学生，了解高三的学习生活以及注意事项，完成一篇访谈笔记，不少于800字。

（8）通过网络或电视观看历史或政治题材的影片或纪实片、视频讲座等，长度不少于600分钟。记下影片或讲座的名字，开学后上交。

（9）详细参观至少一座历史博物馆，本地或者外地的都可以。有条件的同学可以拍一些照片，开学后交流。

（江苏省南京市第三高级中学　陈宇）

【经验分享2】预备铃响之后

课堂纪律管理中很重要的一件事是课前准备时间的管理，也就是打了预备铃到正式上课之间的两分钟时间。课前准备做好了，老师一走进课堂，神清气爽，心无杂念，可以马上进入状态；课前准备一团糟，老师先要花力气整顿秩序，到正式讲课，热情已经消去大半，接下来就很难充分发挥，甚至没有了发挥的兴致。

我的班级原来每节课预备铃响了以后，学生都像没有听见一样，吵吵闹闹一直到老师进教室喊"安静"了才能静下来。我尝试过让执勤班委喊安静，但效果并不理想。

我分析了原因，发现解决问题的关键还是要让学生有事情做。于是，找来各科课代表，我班每门学科都有三个课代表（各有不同的分工），要求一个课代表在预备铃声响了以后，立即走到讲台前，大声说："请大家把书翻到某某页，我们把上一节课教的内容读一下。"另外两个课代表在教室里巡视，督促个别学生抓紧跟上，值日班长总负责，一直读到老师进教室。这样做的效果就好多了，而且带来几个好处。

第一，复习了前一节课的内容，对这节课有了一个衔接。

第二，上课前的纪律好了，学生能及早静下心来开始听课。

第三，科任教师的心情好了，觉得学生对自己的这门功课很重视。心情一好，教学热情就高，便可实现良性循环。

（江苏省昆山市葛江中学　于洁）

八、班风建设要靠谁

【困惑】班风建设要靠谁

常被指责没有搞好班风，可是学生不好好表现，好班风从哪里来？真是有心无力啊！

【为你解惑】用好每一笔人力资源

（一）让自己成为一个优秀的策划者和引领者

在班风建设中，班主任是班风建设的策划者和引领者，同样也是班风建设中不容忽视的资源。

教育学家贝尔说："具有教育效果的不是教育的意图，而是师生间的相互接触。"班风建设与班主任有着密切的关系。一者，班主任的言行对学生有潜移默化的影响，赢得学生的信任、尊重与共鸣，学生自然能与老师同好恶、共忧乐。二者，班主任是班集体建设的指导者、组织者，教师威信是有效地影响学生的基础，是教师成功扮演教育者角色、顺利完成教育使命的重要条件，只有得到学生的认可，班主任才能不令而行。三者，班风建设的关键是掌握良好班风的核心力量和主导群体，有威信的班主任才能尽快吸引和聚合这些力量。

所以说，要创建优秀班集体，就必须建设好班风；而要形成良好的班风，就必须树立班主任的威信。

班主任的威信有不同的深度和广度。有的是因渊博的知识让学生钦佩，有的是因某一个特长让学生折服。班主任不能满足于将威信只囿于狭小的领域内，否则难以对全体学生和学生的各个方面产生深刻的影响，要善于抓住突破口将威信向更深、更广处发展。

优势打造。班主任要善于发现自己的优势，打造优势，且在不断学习中拓展自身的素质，维护和发展自己对学生的影响力。

重视与学生的每一个第一次。借助首因效应，力求与学生的每一个第一次都是美好的、高起点的。第一节课，第一次谈话，第一次改作业，第一次偶发事件处理，第一次家访，等等，当未雨绸缪，精心准备，努力给学生留下良好的印象。

抓住机遇，扩大自身的影响力。班主任优秀，学生也会感到骄傲，并由衷敬佩。所以，班主任当抓住有利时机，或制造时机，尽情展示看家本领，建立一条通向学生心灵深处的捷径。

常反思，让威信得以保持。老师的威信也是变化、发展的，可以保持、发展，也可能会降低。一次偶然的疏忽，触犯了学生的个性或自尊心或不符合社会道德标准或不能再满足学生合理的需要，已经建立的威信就可能丧失。再想恢复，必须加倍努力。教师为了保持威信、提高威信，必须严格要求自己，经常进行自我反思，或征集学生意见，不断提升自己。

从下面的叙述中不难发现，班主任的行为为学生树立了最好的榜样。由此可见，班主任的引领（有形的或无形的）对学生的影响有多大。心中想着别人，唯独忘了自己。学生受班主任的感染，也开始懂得感恩，懂得珍惜，于是就有了这幸福美妙的一幕。这样的班风，令人向往。

【经验分享】我是世界上最幸福的人

又是一年教师节。按惯例，我会自己掏钱给每位任课老师准备一份小礼物，让课代表代表全班送去。我是班主任，但一个班级需要所有任课老师的共同努力。

今年我给任课老师们准备的礼物是一条毛巾和一盒香皂。

上午9点多，各科课代表把礼物都送到了任课老师手上。我一边查看课表一边问学生有没有遗漏。"你，你自己。"我听见他们说。我只当没有听见，转身走出了教室。

10点，轮到我去班里上课了。我走下楼梯，向前方的教室抬头一看，一个人影嗖地蹿进了教室后门。听见"嘘——来了，来了"的声音，我心想："怎么回事？以往这个时候应该是课代表在讲台前领读了呀？"

教室的门关着，里面鸦雀无声。我有点惊异地推开门。

"起立！"是班长的声音。

"祝老师节日快乐！"是全班同学响亮的声音。

原来如此！难怪神秘兮兮的。

我开心地说："谢谢大家，谢谢大家!"顺手开了灯。

天有点阴，似乎要下雨的样子。

走到讲台前，正要开始讲课，一股香味袭来。副班长捧着一大束花来到我的身边："老师，这是我们全班同学送给你的礼物。"

我惊讶地看看花，看看他，看看学生们。他们都在对我笑，脸上有着小小的得意。能让我如此吃惊，一定很有成就感吧?

真不知道，一直住校的他们，什么时候买的花呀?

"老师，还有这个。"副班长把一个精巧的小本子递给我，"这里面是我们全班同学每个人写给你的一句话。"

啊? 他们什么时候做的这件事情呢? 竟然把保密工作做得这样好，我可是一点蛛丝马迹都没有发现啊!

眼眶突然就酸涩起来，似乎有热热的液体要奔涌出来。

"哎呀，我感动得要哭了，怎么办呢?"我赶紧吸住鼻子掩饰住澎湃的心潮。

他们笑起来，我也笑起来。深吸一口气。

"我们开始上课!"我说。

……

这一刻，我知道，我是世界上最幸福的人。

（江苏省昆山市葛江中学　于洁）

（二）关注三个层面，充分利用好学生资源

培养领军层。挖掘学生潜能，培养一批班级学习和各项活动中的领军人物，以此带动周围同学，形成学习及各项活动的品牌队伍。打造班级管理队伍，让他们成为班风的倡导者和率先实施者，使班风建设逐步由点到面、由少数到多数、由压力到动力、由被动到主动。

注意非正式群体。要站在学生的立场上，不禁不纵，因势利导，采用

兴趣转化法、活动竞赛法等，淡化不利因素，扩大有利因素。

不忽视中等生。优秀生与后进生往往是从中等生转化的，中等生往往处在拉一把上进、撒下手后退的位置，他们才是班风建设的最大阵地。要扶持有正义感的学生，让他们有更多的话语权。"一个人不知道自己的能力，并不亚于一个牡蛎不知道身上的珍珠，一块岩石不知道其中的钻石。"中等生教育中，最重要的举措就是，要启发他们去发现被隐匿起来的潜在优势，找到成长的生长点。

【经验分享1】班风建设中要关注的重点学生

在班级中，要特别注意那些具有影响力的学生。这样的孩子分为两种：积极向上的和破坏性强的。一些人并不是班干部，但在同学中有较高的人气，一些非正式组织的领袖也颇有影响力。

无论是正面的领军人物，还是带有一点负面性质的重点人员，虽然表现各异，但二者的相通之处是都有个性，能力都比较强，在学生中有一定的威信和号召力。抓住了他们，也就抓住了主导班风的主要力量。

（1）正面典型形象的树立

正面典型形象的树立，对班风有着很大的引领作用。树典型也要讲究智慧。如果都是班主任指定的，这些人有可能会被同学视为异类，被排挤。比较好的方法是自下而上选出"班级明星"加以宣传，班主任要做引导。可以定期开展一些民间的评选活动，如"感动班级人物"、"我身边的好同学"、"班级月度人物"等，选出学生心目中的优秀代表。让学生自己提名、投票，班主任可以做一些暗示或者设置一些门槛，以利于让真正的优秀者脱颖而出。对获奖的学生予以班级表彰。可以利用班会课时间，举行一个小仪式，向获奖者颁发荣誉证书和小奖品，宣读由同学或班主任撰写的颁奖词，让获奖者发表获奖感言，将获奖者的事迹用板报或海报等形式广为宣传并向家长报喜。

在班级中寻找正面典型形象的范围要宽泛，从学习优秀到助人为乐，从常规表现到体育活动，从展示才艺到献爱心，哪怕是坚持把一张讲台擦得干干净净的同学，都要在关注的视线之内。这些"各行各业"中涌现出的人才，普通学生要占相当大的比例。班主任的眼睛不要只盯在少数班干部身上，要为普通学生搭建表现的平台，甚至量身定制。这就是管理学上非常推崇的"给机会"激励理念。

班主任要想办法宣传班级里的好现象、好习惯、好学生，让好风气占据绝对主流。

在正面典型的树立中，班干部也是不容忽视的一个群体。班干部是班级管理的中坚力量，是班主任的得力助手。一支素质高、能力强的班干部队伍对班集体建设的作用非常大。限于主题和篇幅，我们在此只简单说一些必须要重视的工作。

班长的人选最重要。所有的班干部中班长一职是最重要的，班长的选择一定要慎之又慎。入选的第一标准就是正派、阳光，因为班长具有风向标的意义，他的存在就是一种影响。

优秀的班长，既要深得班主任的信任，又要得到同学的支持。选出优秀的班长可以走民主程序，班主任又要有引导，比如设置一些门槛、搞一个准入制，再结合民意选出。为便于及时调整，班主任可以采取一些策略。比如，一届班长的任期可以短一些（可以是半学期或一学期），做得好可以连任，做得不好可以根据制度换掉，这样班主任的回旋余地就会比较大。

有些班主任会用"以毒攻毒"的方法，利用能力强但有负面影响的学生做班长。这是绝对不可以的。这样做对全班学生都是一种伤害，对班风的消极影响很大。班长的能力是第二位的，而且能力是可以培养的，品德才是第一位的。如果发现班长身上有不良习气，要及时撤换。绝不能因为这样的学生能力强，需要依仗他的能力为自己做事就重用他；相反，他的能力越强，对集体的破坏性就会越大。

班干部要培训。班级要有固定的班委例会时间。这个时间不仅用来汇报工作、小结交流、布置任务，还有培训班干部的任务。班主任要指导学生怎样做好班干部，分工明确具体，各司其职，班级就能很好地运转起来。

班干部不是工作的终点。目前，很多班级都是班主任把工作布置给班干部之后就不管了，往往是班干部依靠自己的能力做事，能者多劳，没有让学生全员参与班级事务。班干部工作太多会影响工作积极性和学习，所以有不少学生不愿意担任班干部。班主任要指导班干部组建团队，把工作分包给团队成员。这样，大家的主人翁意识就强了，努力做到班级人人有事做，事事有人做。

班干部需要定期述职。每半个学期，全体班干部要集体述职。学生要参与评议，可以印制"班委工作民主评议表"让学生填写，对班委工作进行提醒和评价。这项工作既是班干部对自己工作的总结与反思，对其他同学也是一次教育，对班风的形成也有积极意义。

对班干部的工作业绩要认定。建议每学期评选一定比例的优秀班干部（包括课代表、小组长），对完成基本任务的合格班干部予以一定认可（比如加分），对优秀的班干部要表彰。

（2）对后进生的引导

班级里总有几个能量比较大的孩子，他们会经常破坏班级的秩序，搅乱课堂纪律、欺负同学、惹是生非。对这样的学生听之仼之，对班风的负面影响就比较大；但如果仅采用高压政策压制，效果也不好，甚至越管教逆反越严重。

对此，我们的建议是：了解原因，控制影响，合理疏导。

深入到表象背后，了解学生这些表现的深层次原因，有利于采取有针对性的教育，这是从根本上解决问题。要多用情感交流的方法，和学生交朋友。这样的学生对批评已经麻木，对表扬鼓励也多持戒备态度，但真诚的情感交流，倾听他们内心深处的苦恼，往往可以达到很好的教育转化效果。学生从内心里不再抵触班主任的教育，就为他的进步提供了可能性。班主任在这些学生身上要多花一些功夫，转化了一个难教的学生，对班风的促进作用会很大。

不仅要理解这些学生，还要控制这些学生的影响力，不能任其继续在班级里制造坏影响。对他们的错误，要及时指出，严肃地批评并给出整改意见，要用班级制度、学校纪律来约束其行为。

每一个人都有优点和长处，发挥了这些学生的优点，也就是从另一个方面遏制了他们的缺点。所以，要发现这些学生身上哪怕是一点点的闪光点，在班级公开场合予以肯定和鼓励。要教育全班学生学会全面地看待一个人，不能只盯着别人的短处。利用一些机会，让这些孩子的优势得以发挥。比如，组织一支篮球队或足球队，组织一些公益劳动，乃至刻意制造一些机会，交给他们一些任务让他们去完成，这样的信任，往往能取得很好的效果。

（江苏省南京市第三高级中学　陈宇）

（3）不唱独角戏

除利用好班主任自身的威信以及引导作用外，班主任还应当与任课教师、学生家长统一步调，对学生要求一致，形成教育的合力。

让家长做班风建设的大后方，做班主任工作的坚实后盾。家长的支持，能从侧面帮助班主任的班风建设工作。而要让家长支持班主任工作，首先要让家长知道孩子在班级里的生活是幸福的，而且是在不断进步中。和家长沟通有很多方式，除了家访、打电话之外，还有许多有效的手段。

要团结校园里的教育力量。班主任要打"头阵"，但不只是班主任一个人的事，教育群体对班级的要求也影响着班风的形成。班主任只有与任课教师、学校领导、教辅人员、校工等人员有效沟通，相互配合，形成教育的合力，才能形成最大的教育效应。例如，班规的制定，任课教师即使不能参与过程，也应知情，并共同以班规来规范师生言行；班主任平时要主动找任课教师，询问了解学生的各科学习情况，等等。

【经验分享2】编写"家校联系单"

尽管现在通讯很发达，短信、电话、网络等都已经被班主任们用于进行家校沟通，但"家校联系单"依然有着不可替代的作用。

所谓"家校联系单"，就是班主任对一周以来学生各方面表现情况的点评和小结，还包括班级动态、任课老师点评、班主任寄语、本周作业等内容，让学生带回去给家长，家长看过之后要在回执上签字。对于班主任来说，认真设计、填写家校联系单有这样几个好处。

①让家长了解孩子在学校的情况。

②联络感情，让家长更好地配合班主任工作。

③认真填写的家校联系单会赢得家长的信任，让家长知道自己孩子的班主任是认真、敬业的好老师。

④因为要认真填写联系单，班主任就必须注意观察学生，言之有物。这样也可以促进班主任工作更加投入，迅速提高自己的业务能力。

填写"家校联系单"很有讲究。如果班主任只谈学生的缺点，犯了错误的学生会害怕、反感班主任用这种方式向家长告状，以至于产生抵制心理和行为。所以，联系单要以正面鼓励为主，即使有问题，也要采用"三明治"批评法，把问题夹在表扬中巧妙地表述。

我让学生带回去的"家校联系单"，内容包括学生表现、学习、考试等情况及点评。下面列举部分学生表现情况点评。

①表扬小楠：上自习课的时候可以把班级管理得安安静静。

②表扬小佳：上课认真听讲，课后认真完成作业。

③表扬小兰：上英语课积极发言，而且回答很到位。

④表扬小田：积极为班级做贡献，拉窗帘，套垃圾袋。

⑤表扬小悦：很会学习，自习课上总是认真复习。

⑥表扬郁楠：同学们离开教室的时候主动把灯关掉。

⑦表扬小诗：现在上自习课不讲话了，很认真。

⑧表扬小玉：为人亲切，学习成绩优异，别人问题目，总能热心、耐心回答。

⑨表扬小藩：这个星期有进步，上课认真了，废话少了。

⑩表扬小伟：身为生物课代表，主动到实验室搬器材，很辛苦。自己

感冒后一直戴着口罩，为他人健康着想。

⑪表扬小庞：每节课都把黑板擦得特别干净。

⑫表扬小义：数学有进步，但是有时还有点管不住自己，要再努力。

……

这些需要悉心捕捉的闪光点，点点滴滴，都是构建良好班风的一砖一瓦。"家校联系单"上一句话的表扬，有时远比班主任讲大道理有用得多。

（江苏省昆山市葛江中学　于洁）

九、好班风能被"看见"吗

【困惑】好班风能被"看见"吗

我觉得我的班级班风很好，却得不到同级班主任的认同，有什么办法能让班风被"看见"吗？

【为你解惑】虚实结合，打造班级名片

班风是一个班级的整体氛围，是班级共性的体现。而这种共性又是建立在所有孩子丰富多彩的个性之上的。班主任和全体学生通过长期的努力、团结协作，共同打造班级的独特风气。这种风气，是一种气质、一种精神，是这个班级所有成员共同的精神财富。在完成学校任务、遵循学校共性发展中谋求班级个性发展，是每一个致力于打造优良班风的班主任的目标。好的班风不仅不会压抑学生的个性发展，反而为每一个学生的健康成长提供了宽容、优雅的环境。这是我们理想中的班级、班风，这样的班风让师生都沐浴在阳光、幸福的氛围中，尽情分享班级进步和发展给每一个班级成员带来的喜悦。

班风建设是一个很大的课题，也是伴随着一个班级成长始终的工作。

舆论建设、纪律建设、学风建设、师生关系、生生关系、人力资源的充分调动，等等，都是对班风的建设。除了这些渗透在班级工作中的点点滴滴，班风建设也可以与外在的物化方式相结合，进行硬件升级，让班级有自己的品牌名片、品牌窗口。

【经验分享】班风的一些物化呈现方法

班风是看不见、摸不着的，但又可以被所有人感知。它体现在学生的行为举止上，让人感觉到这个班级不同于其他班级，是一个班级特有的气质。班风影响了班级成员的表现，班级成员的表现也会体现班风。

班风虽然看不见，但并非虚无缥缈，可以用一些物化的手段和方式加以呈现、强化。我们在此列举一些常见的方法，班主任可以根据自身和班级的情况有所取舍、选择。班主任要善于利用建设班级文化的机会，将班风建设与班级文化建设紧密联系起来，特别是班风与班级物质文化之间的巧妙联系，一虚一实，物质体现精神，效果会很好。班主任不一定追求这些物化的呈现是否齐全、漂亮，而是要落到实处，要有一定的配套实施措施，否则就只能成为装点门面的摆设。

班名。最浓缩的班风标志。给你的班级起一个好听的名字，引领班风特点，阳光、积极、振奋人心，比简单地说一个番号要强得多。班名可以面向全班学生包括家长征集，可以多次筛选、票选，选出大家最喜爱、最满意的班名。

班名的出处可以从经典格言、成语中截取，如敏行、志远。可以是励志型的，如超越梦想、卓越。可以是优美型的，如阳光雨露、春笋、彩虹。可以是吉祥如意型的，如和谐五班。也可以借用名人的名字，如行知、星海……

班徽。班徽是班级的标志，可以把班名嵌入，要有寓意，并向全班学生解释。可以向全班学生和家长征集，入围者给予一定的奖励。班主任还可以把班徽设计成大小不等、夸张变形的各种标志，用在班级活动的各种场合，既增强趣味性，也能强化学生"我爱我班"的集体意识。

班旗。将班徽、班名、班级口号等元素进行合成，设计出班旗，在集体活动时打出，可以振奋士气和人心。

班训（班级口号）。班级共同的格言，是最能反映班风特点的，设计时一定要用心。要实在、朴实、亲切，不要好高骛远，避免假大空，也不要用过于搞怪的网络语言。班训不要长，一句话即可，学生都能牢牢记住。

班训可以用现成的名人格言、短语成语，也可以面向全班征集、评选学生原创的语言。例如，"博学笃行，自强不息"，"文明高雅，乐学善思"，"永不言弃"，"合作竞争，精进超越"，"每天进步一点点"，"永远进击"，"行动高于一切"，等等。有的班训只用一个字，也非常传神给力，如"实"、"强"。要对这一个字的班训做出解释，体现班级精神和追求。

在班级需要鼓劲、振作精神时，班主任不妨带领学生共读班训，增强学生的集体自豪感。班训可以做成展板或大字，贴于教室醒目的位置，让学生随时都能看到，时刻提醒自己是班级的一员，要恪守班训。

班歌。可以有三个来源：现成的歌曲，青春励志、激情飞扬、传递美好情感的均可，如《和你一样》《真心英雄》《我的未来不是梦》《相亲相爱一家人》；用耳熟能详的旋律自己填词；如有可能，自己作词作曲。

其他方式。让每一面墙壁都说话。如荣誉墙，可专门开辟一块空间，把所有获得的班级荣誉集中张贴，以唤起并增强集体荣誉感。此外，可以用学生自己的作品，如书画、手工等装饰教室，营造积极的文化氛围。但是要适度，不要用过于鲜艳的颜色或者数量太多，以免分散学生的注意力。也可以用一些名人名言或画像装饰墙壁，素材要与班训、班名、班级的特点产生联系。

温馨提示牌。在教室里适当的地方做一些温馨提示牌，有助于培养学生的良好习惯。

风采展示。来自身边的榜样总是更能打动人，更能催人奋进。把学生最闪光的一面展示出来，以真善美主导班风。

特色角。如生物角（在边角空间放一些植物或养一些小动物，培养学生的爱心、细心，同时也让教室充满生机和情趣）、文化角、图书角等。

（江苏省南京市第三高级中学　陈宇）

【小贴士】建设图书角，作用真不小

图书角的建立，不仅可以潜移默化培养学生的阅读能力、语言表达能力和写作能力，提高学生的文学素养，也是让学生静心营造良好班风氛围的好办法。

在建设班级图书角时，有以下几点需要注意。

要点1：学会借力募集书源。①学生自愿捐借。动员孩子自愿捐出或者借出自己已经读过的书籍，在图书角中交换阅读。这条途径可以使图书角有足够流通的图书量。②家长捐赠。如果能够征得经济条件较好的家长的捐赠，你可以筹集到一些图书，使班级图书的内容更全面、更丰富。③老师赠送。作为图书角启动人，我建议图书角当中也要有你的捐赠。④图书馆筹集。学校图书馆的很多图书常常处于闲置状态，如果可以征得学校负责人的同意，以你的名字代借部分图书，定期归还，也是一种给图书角扩容的好办法。

要点2：固定位置，不打游击。所有的图书在到位之后，要花时间来登记造册，并且分类贴上标签。经济和空间条件允许的情况下，班级可以设立一个小书架，对图书角进行设计和装扮。如在图书角旁挂书画，也可以买一两盆绿植做点缀。既使图书摆放整齐有序，借阅方便，又可在班中营造文化气息。对于学生个人或者家长捐赠的书籍，可以在扉页上贴上一张温馨的感恩卡。这既是一种对感恩的倡导，对于捐赠者，也是一种荣誉和鼓励。

要点3：专时专用，开辟空间。每天下午学生到校后，正式上课前可以拿出20~30分钟，作为固定阅读时间；每周利用1~2次课外活动时间，作为固定的借还书登记时间。

要点4：展示平台，人人分享。建议可以制作一张阅读反馈表，学生每阅读一本书，就填写一次"阅读反馈表"。反馈表上要求学生填写作者、主要内容、精彩片断、读后感等，以此达到读有所思、读有所获的效果，还可以进行读书笔记、手抄报展览，采、编、抄让学生自己完成。完稿之后，存于班级图书馆，让学生欣赏、品味、回顾，并向学校橱窗推荐、展示。既激发了同学们阅读和创作的热情，同时也向全校展示了班级风采。

（重庆巴蜀小学　田冰冰）

（特约编辑　陈宇　江苏省南京市第三高级中学）

（策划　王皓　班主任之友杂志社）

第七章　怎样开展班级活动效果最好

新生入学的前两个月，是班风形成最关键的时期。没有经过班级活动的班级，只能说是一个由相同年龄、学历的学生组成的群体，算不得真正的班集体。只有经过了军训、班会、运动会、竞赛等活动，这个团体拥有了共同的目标、独特的风格以及一定的凝聚力、向心力，班集体才算真正产生。

一、刚接班适合开展哪些活动

【困惑】刚接班适合开展哪些活动

这是第一次一个人带一个班级，当班主任一个月来，一直在想怎样建设这个班集体。我想要的班级，是团结的、友好的、积极向上且自信活泼的。一个月来，我经常跟学生讲，课间要保持安静、要多关心同学等，但一点也没有效果。

有一天，听到师父在跟他们班的学生说准备"爱心大交换"的班队活动，突然间，我明白自己的问题在哪里了。可是，学生相互之间还不怎么熟悉，班集体也还没有完全建立，能开展什么活动呢？

【为你解惑】把认识与规划作为活动的主旋律

我们尝试将接班伊始的班级活动的目的大致归为以下几类。

1. 让学生相互认识

让学生做自我介绍。有的老师召开第一次班会时，让学生们一个个走上讲台做自我介绍，让学生了解彼此的性格、喜好。

组织才艺展示的晚会。有的老师第一次进教室，先开一个才艺展示晚会，以消除同学之间的陌生感。

以上两种做法都有可取之处，也达到了学生间彼此了解的目的。召开这样的班会，有利于学生消除陌生感，在班里找到家的感觉。来到一个新环境，面对新老师、新同学，学生难免产生孤独、悲观等情绪，老师在第一次班会上让学生彼此认识，可以有效缓解孩子焦虑不安的情绪。当然，我们还可以将这两种活动做得更加生动、有趣。（河南郑州市科技工业学校　李迪）

案例 1　是对还是错

这个活动非常有趣，能够让师生在轻松、愉快的气氛中相互了解。首先，教师在幻灯片上写出四句关于自己的话，其中三句与事实相符，另一句则是错误的，让学生对这四句话进行判断——是对还是错？教师把学生的判断收集起来，然后逐句向学生讲解，这其实就是教师向学生作自我介绍的最佳时机。随后，让每个学生在纸上写下关于自己的四句话，同样是三句与事实相符，另一句是错误的，也能起到让师生、同学之间相互了解的效果。

这个活动可以在开学第一天进行，对于初高中生比较适合，让小学生来做难度就比较大，不过小学教师可以根据这个思路向学生介绍自己。

案例 2　他是谁

这个游戏的目的也是让新同学尽快相互认识，按照下面的步骤做就可以了。

①给每位学生发一张作业本大小的纸，颜色让他们自己挑。

②请他们用彩色笔把自己的名字写在纸的正中间。

③在纸的左上角，让学生完成句子："我的家_____。"

④在纸的右上角，让学生完成句子："我最喜欢的事情是_____。"

⑤在纸的左下角，让学生完成句子："我真的不喜欢_____。"

⑥在纸的右下角，让学生完成句子："其他人认为我_____。"

⑦在纸的中部上方，让学生完成句子："将来有一天我想_____。"

⑧在纸的中部下方，让学生完成句子："我想见到_____。"

⑨让学生起立，把纸举在胸前，有字的一面朝外。

⑩学生举着自己的那页纸，在教室里安静地走动，看其他同学纸上的内容，不许讲话（这个环节需要5分钟），然后让学生坐下。教师走到学生身边，一个接一个地把学生介绍给大家，并提问："谁能告诉我这位同学的趣事？"

游戏结束后，教师把学生的纸张收起来，贴在教室墙上。学生喜欢看，来学校与教师会面的家长也喜欢看。

这个游戏适合班级人数较少的情况，人数较多的班级可以分组进行。

案例3　分享我的最爱

"分享我的最爱"是朱蒂夫·贝森诺夫老师开学时进行的"破冰活动"。

朱蒂夫在幻灯底片上画了一些图画，如飞机、书籍、山峰等，这些东西代表他的兴趣、爱好。开学第一天，他把幻灯片放给学生看，让学生猜猜他的爱好是什么。学生们有的说老师喜欢旅游，有的说喜欢读书，有的说喜欢远足……

讨论到一定程度，老师给学生发图画纸，让他们也用图画的形式介绍自己。朱蒂夫说："我把学生分成小组，每位学生在小组内用图画介绍自己，这样可以加深他们的相互了解。我在小组间巡视，参加小组的活动，借此了解学生。"

案例4　快乐远足靴

德勒拉·阿达姆开学第一天把自己打扮得与众不同——身穿新外套，足蹬旅游靴，看起来神气十足。"你们不要小看了这双靴子，它有一个好听的名字——'快乐远足靴'。它是我的最爱，是我快乐生活的见证。"德勃拉对学生说。学生的兴趣被调动起来了，开始发问："为什么叫'快乐远足靴'？""你穿着它到过什么地方？""你拥有它多长时间了？"……这正是德勃拉希望见到的效果，他想通过这种方式让学生了解自己。接下来，他便对学生讲起自己的业余生活，讲穿着这双靴子到过的地方……

讲完后，他让学生根据讲述的内容简单地写一写老师是个什么样的人。最后，留家庭作业：明天带一件自己最喜欢的物品，在班里给同学讲一讲与它的故事。第二天，学生带来的东西五花八门：布娃娃、飞行器、填充动物、披肩、相册……

通过一双靴子，学生了解了老师；通过学生的最爱，老师了解了学生，学生也相互了解了。

案例5　猜猜这是谁

让全班同学各选一张自己童年时期的照片，将这些照片打乱，在投影仪上展示或做成幻灯片，以抢答或小组竞答的方式请大家猜猜照片中的"他"或"她"是谁，以活跃班级气氛，消除大家紧张、陌生的感觉，拉近彼此之间的距离（老师也可以把自己的照片放入）。

让大家提前把自己的名字编成谜语，或把本人的主要特征写在卡片上。由主持人提问："猜猜我是谁？"

也可以用选择题的方式，提供一些姓名，让同学们自己判断、选择。

2. 增强学生集体归属感

（1）认识学校

让学生参观整个校园，了解学校的历史、学校优秀毕业生的事迹，增强学生努力拼搏的信心。

案例1

在有着悠久历史的学校，曾有老师专门抽出两个小时的时间，让学生了解学校过去的辉煌。校园里的一棵树、一块砖，都有生动的故事。新来的同学们，应该怎样演绎自己的校园故事？

案例2

在一所新的学校，曾有老师专门抽出一个小时和学生一起讨论学校的前景，树立为母校争光的雄心壮志。

案例3

对于小学生，开学的第一天可以带领他们对学校进行一次"探访"，告诉学生学校的一些设施的名称和用途，介绍学校的情况。同时，在这个过程中教会学生一些规则，进教室怎么做，去老师办公室怎么做，哪些东西是不能碰的，在楼梯上应该如何行走，如何与老师打招呼，等等。回来后可以让学生说说，看到了什么，都记住了什么，并强化一些重要的东西，这比老师强调很多次都更有效果。

（河南省郑州市科技工业学校　李迪）

（2）认识班级

对于生源不佳的班级，入学第一天，学生便带着几分落寞、几分失望、几分不服，还有几分无所谓。这时，老师的首要任务就是建立学生对班级的自信和归属感。

案例1　给班级以未米

找一些励志的文章，在班会时读给学生听，并讨论。

我曾经召开过名为"南瓜"的主题班会。

班会开始，我就把诗作《南瓜》抄到黑板上，送给初次见面的学生。

南瓜

〔德国〕舒比格

洋葱、胡萝卜和西红柿

不相信世界上有南瓜这种东西

他们认为那是一种空想

南瓜不说话

默默地成长着

然后，我发表演说："欢迎同学们来到我们学校就读。今天，我把《南瓜》这首诗送给你们，也送给我自己。也许，你以前的同学、老师，甚至亲友，不相信你来到非重点高中（或职业学校）还会有什么前途，就好像洋葱、胡萝卜、西红柿不相信世界上有南瓜这种东西。他们认为，在咱们学校谈未来，是一个空想，但是，老师相信你们，你们也要相信自己。如果你真的是南瓜，那多余的话我们就不说了。从现在开始发奋、努力，结一个果子出来，给那些不相信我们的人看看……"

然后，再让学生立下具体的目标，并制订可行的计划。

还可以让学生谈自己身边那些平凡学生做出不平凡成绩的故事。

案例2　爱上教室

这个活动很简单，不需要任何资料。教师先从教室里选择一件物品，默记在心。然后让学生猜它是什么，学生只能向教师提能用"是"或"不是"回答的问题。例如，"它是蓝色的吗？""它在教室的前半部分吗？"老师回答"是"或"不是"，直到有学生猜中。然后，由猜中的学生选择一件物品，老师和学生一起向他发问，开始新一轮的竞猜。在游戏过程中，教师向学生强调，如果没有其他人的帮助，谁也不会成功；同时，我们从"错"中收获的，并不比从"对"中得到的少，犯错能使我们最终走向正确，并让学生知道，有时教师也会犯错误。开学第一天做这个游戏也有助于在师生之间营造出友好、协作的气氛。

（3）认识科任教师

案例1

把科任教师请到自己班级，面对面地给学生介绍。

案例2

有一位老师开学之前，在征得班级任课教师的同意后，把班级任课教师的情况制成了幻灯片。其中，还有每位教师送给学生的一句话，开学第一天放给学生看，让他们了解班级的各位教师。

3. 教学生规划学习和生活

让学生设想一下自己在学校三年或六年（小学生是六年）的学习生活，老师们的做法一般有以下几种。

案例1

让学生写周记、做学期计划，然后交给老师批改审阅。

案例2

让学生在班会上一个个畅谈自己的计划。

以上两个做法原本不错，但容易流于形式。许多同学谈学习计划不过是例行公事，并不把计划当回事，只是说些老师想听的话，比如"好好学习，不迟到、不旷课，认真完成作业"之类。

案例3 播放学长的毕业感言录像

我一般会在新班成立后，为学生们播放上届学生的最后一个班会录像。在这个录像里，即将毕业的学生回顾了自己在学校三年的成长历程，他们刚跨进校门时的情形，军训时和教官发生冲突后老师如何安慰、劝解。接着，他们又回顾了自己在学校的学习生活，以及各科获得的成绩。比如，我所带的2009学前教育一班，首先回顾的是"舞之情"，老师如何手把手教他们跳舞，他们取得了哪些成绩。然后是"美之韵"，回顾自己在美术上的成长。还有"声之乐"（声乐上的成长）、"乡之音"（对戏曲的了解和掌握）、"琴之瑟"（入学时同学们没有摸过钢琴，现在会弹奏完整的钢琴曲，包括四手联弹）、"语之魅"（在演讲比赛和作文竞赛中的成绩）等。

最后一个环节，是这些即将毕业的学生送给学弟学妹们的肺腑之言。当时，我这样启发那些即将毕业的学生："同学们明天就要毕业，即将离开这个生活了三年的教室。两个月后，会有一批学弟学妹们坐在这里学习。既然大家能在同一个教室里生活，说明你们是有缘分的，在这临别之时，你们有什么话要告诉学弟学妹们，现在就畅所欲言吧！"

有的学生说："同学们要珍惜青春，三年时间是一眨眼的事情。回首往事，我感觉像做梦一样。"有的学生说："值日的时候，同学们一定不要挑肥拣瘦偷懒，因为劳动任务是固定的，你偷懒一点，别人就要多劳动。久而久之，谁还愿意跟你搭班呢？偷懒的结果，会使自己的朋友越来越少。"有的同学说："记住'静坐常思己过，闲谈莫论人非'，这样你们才能愉快地生活。"有的同学说："当你违反了纪律，老师批评你的时候，千万不要和老师记仇，他们都是为了我们好……"

新生看到这样的班会录像，得知以前在这个教室里的学姐学兄们曾经获得过那么多荣誉，又听到学姐学兄们的肺腑之言，会深受触动。这时候，老师可以安排新生发言，并录像。新生会有好多豪言壮语，比如"一定认真学习，按时完成作业，积极值日"云云。这会是一个很好的订计划的班会。不过，学生说归说，热血沸腾过一阵子，老师会发现他们依然不交作业，不认真值日。这时，我们无须多言，只要把这个班会的录像放出来给违纪的孩子看，最后说一句："当时，你是怎样说的？现在，又是怎样做的？老师该怎么评价你？你自己好好想一想。"这样就把几个班会都结合到了一起，让教育更具连续性。（河南省郑州市科技工业学校　李迪）

案例 4　时间密封舱

安耐特·布锐特教四年级。每接一个新班，开学时，她便组织"时间密封舱"活动。这个活动要准备白纸、信封、毛线、文件柜等物品。

安耐特把白纸、毛线、信封发给学生，让学生在白纸上勾画出自己的手型，用毛线测量自己的身高，接下来在另外一张白纸上回答问题。

学生一般回答这样几个问题：你最喜欢哪部电视剧？你最喜欢哪首歌曲？最喜欢哪本书？这一切完成后，学生把画着手型的纸、量有身高的毛线和写好答案的纸放进信封封好，交给老师。老师把它们放入文件柜。

学期末，老师把这些东西拿出来，再把上述活动重复一遍，然后把学期初和学期末的答案进行比较。这时候，总可以听到学生的笑声和惊叹声——他们发现自己的身体还有学识都有了变化：个子更高了，手掌变大

了，见识增长了。(《破冰船——美国老师开学第一天活动介绍》，寒笙编译，转引自《班主任》2009 年第 6 期)

二、有必要为学校组织的活动"劳民伤财"吗

【困惑】有必要为学校组织的活动"劳民伤财"吗

学校每学期都会安排大型活动，有时免不了要评比，我很反感，这纯粹是劳民伤财，走过场，真想应付了事。

【为你解惑】抓住机会，让活动成为班级优秀的催化剂

每次大型活动均是教育学生的最佳时机，此时对学生进行应景教育，往往可以达到事半功倍的效果。新班主任一定要抓住班集体在全校面前亮相的第一次机会，让集体活动的成功成为班级优秀的催化剂。

下面有两个案例，可以生动地说明，班级活动有没有意义，不在于活动的名目，而在于活动的过程。

案例 1　一次失败的亮相

在几年的班主任生涯中，我始终秉承这样一个观点：只要学习好了，其他各个方面自然也跟着好了。然而，一次参加学校组织的纪念"一二·九"运动歌咏比赛的惨痛经历彻底给了我教训。

按照学校要求，每班要有两个集体节目参加比赛。本班一小部分普通话较好的同学组织了诗朗诵，而全班同学又准备了一支合唱歌曲——《红旗飘飘》。

由于对文艺活动不重视，我一开始就未积极地投身到活动的组织中去，以致在节目的排演上班长与团支书之间产生了严重的分歧，甚至发生了不愉快。此时，我方知问题的严重性。可由于自身缺乏组织文艺活动的经验，班级在最后的比赛中惨遭滑铁卢。

这一事件严重影响了班干部之间的团结与协作，也极大地削弱了学生的热情与士气。（刘春霞）

案例2 垃圾桶与学习

2011年5月，我校开展了"迎接文明卫生城市检查，美化女中校园"的活动。借此契机，我针对班级垃圾桶的设置情况展开了德育教育。

第一步，讨论班级里的垃圾桶放几个，放多大的比较好。其实，开学初学校给每个班都配备了一个废纸篓，但现在有学生（主要是值日中负责倒垃圾的同学）提出来换个大的，原因是每天产生的垃圾比较多，一天下来要丢好几袋。我把这个问题向全体学生说了，与学生进行了成本核算，买一个大的垃圾桶本身费用不小，使用大号的垃圾袋价格也不菲。天气热的话如果垃圾袋更换不及时，那味道实在让人受不了，而每天换大垃圾袋成本就有点高了。说到这里，看见下面有很多学生频频点头，我便趁热打铁："更重要的是如果选用大的垃圾桶，其实对你们自己是有所暗示的，就是你今天产生的垃圾可以不必及时清理。联系到学习上也就是，你今天有问题没弄懂或者没及时解决的，可以先放在一边。如果这样的话，问题只会越积越多。"最后，学生全票通过继续使用原先学校配备的小号垃圾桶。

第二步，选择垃圾袋的颜色。有一段时间，学校要求每个班每天的垃圾袋必须带出校门扔到垃圾房里，但经常有学生偷懒，扔在学校的不锈钢垃圾桶内或者地下车库出口处。我班的值日生也被发现和批评、教育了几次，所以，我觉得有必要采取一些措施。在一次班会上，我说道："同学们，我觉得咱们班使用的垃圾袋的颜色老是黑色太单调了，我们换一种具有班级特色的颜色吧。"全班公决选择粉红色。随后我问她们："同学们，我们选择这样一个特别的颜色意味着什么呢？意味着我们的高姿态，我们自觉接受全校师生的监督，不乱扔垃圾。"自那以后，粉红色的垃圾袋再也没有被乱扔过。我顺势把自觉、自律引申到学习上，引导学生自觉、自主地学习，包括上课、自修，等等。

第三步，使用夹子。由于垃圾袋比较轻，如果风大、里面垃圾又不多的话，袋子很容易被吹散。后面的学生扔垃圾的时候就会出现扔在袋子和桶壁之间或者垃圾桶之外的情况，很难清理。我让生活委员买了两个夹子固定一下，情况有了好转。但每天的值日生使用夹子的情况都不一样，所以，我利用一次班会课的时间问全班同学怎样使用这个夹子最正确。答案是夹在网格栅上，而不是夹在网格中间的空当处。我顺势引申到学习上，让大家思考自己的学习方法是否得当，关键是时间精力要用在点上，而不要做无用功。（江苏省无锡市第一女子中学　周燕伟）

这里，我们以学校大型活动的一种重要类型——学校运动会为例，来详细说明班主任在设计、组织、开展学校大型活动的全过程中，需要注意的一些事项。

1. 活动是全体学生自己的

这里包含两个意思。一是班主任在开展班级大型活动全过程中，应该精心策划，使班级所有学生都能积极参与，享受班级活动的快乐。二是班主任应该发动班级全体学生的力量，共同设计、组织。

以学校运动会为例，班主任首先要鼓励全班同学积极报名参加，大力宣传体育运动的益处。如果班主任认为参与学校运动会会影响学生的学习，浪费时间和精力，那么愿意参加运动会的学生势必会减少。多数学生对开展学校运动会还是很欢迎的，但这并不能保证每个学生都会主动参与。班主任应该听取学生的意见，鼓励每位学生参与自己最有兴趣的运动项目，不愿意或不能成为运动员的学生可以选择服务岗位，为班级同学加油助威。班主任一定不能包办，而应该最大限度地发挥全体学生的主体性，让每位学生出谋划策，设计备战运动会的具体方案，选报自己擅长的运动项目。

2. 活动要体现参与之外的价值

班主任在组织学生参加学校大型活动时，要体现活动的教育意义，尽可能地对学生成长的各个方面产生积极而有效的影响。班主任要意识到这项活动可能实现哪些教育目的，精心策划，使之成为实现学生发展的重要手段。比如，并不是班级中的所有成员都能成为学校运动会的运动员，但只要班主任采取灵活的办法，同样可以引导班级所有成员都参与其中。无论是否能成为学校运动会的运动员，只要参与，每位学生都会有收获，也就实现了运动会的教育价值。

3. 活动的安排要周全、安全

班主任应和班级成员共同策划，尽量把班级活动开展的全过程中应该注意的事项考虑周全，同时使学生树立安全意识，使学生掌握保护自己、帮助别人以及应对安全事故的技能。学校运动会持续时间较长，参与的人数又多，因而班主任要结合班级成员的实际情况，选择合适的运动员及后勤服务人员，还要安排好班级拉拉队的活动。在比赛过程中，班主任还应考虑如何应急处理运动员意外受伤或者某些运动员临时不能参赛等一系列突发情况。

4. 活动的结果不必太在意

班主任制定班级及个人参与学校运动会的目标应该符合实际，不能对学生及比赛结果提过高的要求，使学生有信心、有热情地参与学校运动会，体验参与的快乐。

5. 活动过后有提升

在学校运动会结束后，要及时对整个过程进行总结、反思：是否围绕学校的教育目标或者本班级制定的具体目标开展了这项活动，学校运动会中班级学生参与状况如何，在态度、情感、价值观上有什么收获等。班主任要总结、反思，学生也要总结、反思，在总结、反思中提升对开展学校运动会目的和意义的认识，在总结、反思中发现和认识班级工作中存在的问题，在发现问题和解决问题的过程中提高班级建设水平。

（摘自黄立刚《如何有效开展班级大型活动》，有改动）

三、怎么开展事务性班级活动

【困惑】怎么开展事务性班级活动

为了研究、解决班级管理事务，班主任常常会召开全班学生的协商会议，如选举班委会、评选先进个人等。怎么开展才有实效呢？

【为你解惑】明白有序，解决问题，达成共识

事务性班级活动的主要形式是议事性班会，它借助"解决问题、达成共识"的会议形式，解决班级实际问题，同时，它能培养学生参与、理解、尊重、合作的民主意识，建立和谐、民主的班级师生关系。

1. 议事性班会范畴

①班级重大重要事项，如，班规制定或修改，班级工作计划的制订，常规教育以及安全教育，期中或期末考试情况分析及总结，学校大型活动的参与方案等。

②班主任、班长提交班委会决策的有关事项。

③学生提议的重要事项。

④学校德育处交代的相关事宜。

2. 议事性班会的一般程序

①提议。由班委会成员结合班主任的提议或学校的倡议，以及同学中存在的问题，提出每次班会的主题内容，并预先制订班会进行的步骤。

②布置。提前一天在班上公布本次班会议题，如中午午休男生纪律不太好，请大家提出解决方案等。

③班会讨论、记录。让学生尽可能多地提出想法，学生提出的所有想法都要记录下来，以便随后查阅。要奖励那些想法最多或最有创意的学生。

④公告和通告。根据同学们的意见、建议，制定和补充班规，宣布和布置相关事宜。

3. 议事性班会的一般原则

①定期召开。例如，晨会、周会或月会。遇到紧急情况，可随时召开。

②班会由班长或其他学生主持，原则上全体学生必须参加。

③与会人员在会上不得讨论议题之外的话题。

④实行民主集中制原则。在共同意见达成时做出决定，不能将主持会议的职责变成个人说了算的特殊权力。

4. 议事性班会的落实

①班会形成的决定和意见，由班长按职责安排：分工落实。对于一些重大事项，责任人要和班长一道认真研究，制定切实可行的实施方案。

②跟踪考核，对各项工作完成目标情况进行登记、考察、评价。

四、怎样让班级活动更具教育性

【困惑】怎样让班级活动更具教育性

我知道班级活动对于班级建设的意义，但是成为班主任一个月来，对于班队活动，我从来没有好好地想过，也没有计划过，一直是学校安排什么就去做什么。这个星期是大扫除，下个星期是喜迎国庆……每一次的活动只是形式上参与，没有很好地挖掘出对学生、对班级的实际意义。

到底该怎么开展班级活动呢？

【为你解惑】解决学生实际问题，着眼学生未来发展

1. 开展问题型班级活动

问题型班级活动，即学生出现问题时，有针对性的主题活动。

班主任通过对学生平时学习、生活情况和思想动态的观察，确定一些带有普遍性的问题（如早恋、厌学、盲目崇拜等），并针对这些问题形成一节班会课的主题，帮助学生澄清是非，提高认识。这种针对学生当前的实际问题来选择班会主题的方式，就像医生治病要对症下药一样，药方对路，治疗效果才会好。与传统靠单纯说教改变学生的认识与行为相比，有了根本性的不同，其效果更是不可同日而语。开展这种活动，要注意以下方面。

（1）既要研究问题，也要研究学生

进入高年级，老师发现部分学生课间喜欢高声喧哗，严重影响他人休息，于是随机录下课间活动的声音，在名为"我与安静同行"的班队课上放给学生听。学生听后非常惊讶，认识到了课间高声喧哗确实妨碍别人休息，于是课间状况大为改观。

但没过多久，新问题又出现了，许多男生课间喜欢聚在走廊打打闹闹。老师发现后又想开一次班队活动——"课间要做文明游戏"。

这位老师的做法带有一定普遍性，"头痛医头，脚痛医脚"。究其原因，是没能透过学生升入高年级后出现的反常现象，看到学生成长过程中的一些心理需求。教师看到了问题，却没有研究问题背后的学生。进入高年级，部分男生常会通过打闹、标新立异或惹女生生气等方式引起对方注意，所以"我与安静同行"活动之后，如果老师能顺势安排参与性较强的活动，让学生体验动静有序的重要性，满足学生自我展示的需求，提供男女生正常交往、合作的舞台，或许有些问题就会消失在萌芽状态。下面一个案例，就很好地体现了"既要研究问题，也要研究学生"的教育理念。

学生进入五年级后，老师发现原来对劳动十分积极的学生开始懈怠，

甚至出现溜岗现象。和前一位教师不同，该班教师没有立即采取行动，而是静心观察，进而发现是部分男生开始变"坏"，大部分女生依旧认真工作，甚至主动把男生的工作做了，且很少有人向老师报告（和四年级相比有很大反差）。于是，老师马上想到：女生发育相对于男生要早，有扮演姐姐角色的趋势，男生则将错就错，过足贪玩小弟瘾。基于这样的认识，老师策划了"劳动真美"系列活动。

①大追踪。观察某一同学的劳动情况。

②大特写。记录或描写该同学劳动时给你留下深刻印象的一个场景。

③大演播。"一分钟赞美——夸夸我们班的×××"，引导学生向为集体、为伙伴默默服务的同学表达感谢和赞美之情。

④大交流。"劳动真美"，指导学生用手抄报的形式，交流岗位劳动的收获与体验。

在此基础上，老师还策划组织了"360特别行动"，以"红领巾志愿娃"、"红领巾钟点工"的形式，组织学生到具有真实社会情境的岗位上开展活动，体验"三百六十行，行行出状元，劳动真美"的深刻内涵，改变了学生对劳动的认知。（江苏省常州市蓝天实验学校　袁文娟）

（2）活动的设计要真正解决问题

有一段时间，我发现班里的凝聚力不强，内部经常拆台，于是就想开一场名为"团结就是力量"的班会。原先设计的是一个虚拟情境的AB剧，剧本都写好了。在排练的过程中，我发现参加演出的学生根本就没有理解主题。排练节目的学生都不能齐心协力，说好了放学后排练，结果小伟和小浩放学后直接到了篮球场；说好了小娇带MP4，结果她说妈妈不准她带来。我当时就想：如果连演出的学生都不能团结一致，那么这个班会的教育意义在哪里？于是，放弃这个方案。但教育还是要进行，怎么办？我决定转变思路，改开真实教育情境的班会。

当天下午，"团结就是力量"主题班会，临时改成了班级篮球赛。我特意安排了一个实力很强的班级作为我班的对手。

比赛的结果在我的预料之中，我们班输得很惨，教育的效果也在我预料之中，班级内部出现了少有的团结，平时那些喜欢相互拆台的小女生，一个个都变得肝胆相照了。（湖南省宁乡县煤炭坝镇煤城中学　刘令军）

主题活动的形式有多种选择，应该由内容来决定采用哪种形式，以达到最佳的教育效果，而不是一味求新求异。比如，"给妈妈洗脚"被当成进行感恩教育的必备形式，可是广州市少年宫和《都市人·成长》杂志联合进行的名为"关于家长和孩子对感恩的理解"的调查显示：在孩子的心目中，"帮父母做家务"和"等长大了赡养父母"是最能表达感激之情的方式，而"帮父母洗脚"和"给父母磕头"是孩子们最不愿意做的。在外在形式上做文章，而不触及事物的本质，是我们要极力避免的。

2. 开展系列性班级活动

系列性班级活动，即着眼于学生未来发展的，具有整体性和系统性的系列主题活动。

对于新手来说，这是高层次的班级活动。

从大的方面讲，班级活动可以是一个学年一个主题。从小的方面讲，可以是一节课一个主题。多数班主任只有一节课一个主题的意识，比如前文提到的问题型班级活动，对学生的发展能起到一定的积极作用，但是这种治疗式的活动，呈现突击、应急的特点，缺乏整体性和系统性，缺乏对学生成长特征的认识。

学生身上有很大的发展潜能，教育的价值就在于把这种可能转变为现实，并生成新的发展可能性。从这个意义上讲，我们在看到学生问题的同时，也要看到学生现有的发展状态，把学生的发展可能作为我们研究的起点。对小学阶段的学生而言，随着学习要求的不断提高，可能在三四年级的时候，学生的自信心会出现一个波折期，这一阶段需要开设一些增强自信心的主题班会。除了这一明显特征外，小学阶段的儿童活泼、好动，具有明显的交往积极性，但缺乏经验，所以，交往能力、意志发展等都可以成为这一阶段班会的主题。对初中阶段的学生而言，"我"的意识进一步强化，乐于以"大人"的角色行事，但又缺乏理性，处于快速发展的时期，同时也是"多事"时期，性的觉醒是这一阶段的特点，同时也是我们教育的重点。所以，如何正确认识自我、如何提高沟通技巧等都可以成为这一阶段的主题。对高中阶段的学生而言，他们的成人意识进一步发展，逻辑思维能力快速增强，同学之间的关系尤其是异性之间的关系开始变得敏感，也是人生观、世界观、价值观形成的关键时期。异性交往、认识自我、规划自我、应对家长期望等都是班会主题的首选。

下面是常州市第二实验小学许倩老师设计的二年级"合作"主题教育系列活动。

①游戏篇。小马过河；下雨啦；小树叶找妈妈；森林音乐会。

②岗位篇。以小队为单位寻找合作岗位；岗位竞聘；岗位评价，我们能行——经验交流；岗位合作，我们真棒——优秀小队评选。

③学习篇。快乐生活——童谣传唱；美丽秋天——树叶贴画；古诗诵读擂台赛；口算接龙比赛。

这个系列主题活动的设计是从平日的游戏活动出发，把四人小组建设、小队建设、语文学科活动、课间活动指导、伙伴交往指导、小干部培养等有机地整合起来，老师成了学生多彩童年生活的编织者，活动产生的效果也是综合的。（江苏省常州市蓝天实验学校　袁文娟）

【供你参考1】班级系列活动设计原则

班级活动的设计要从实际出发。班级活动体系设计，首先应确立班级活动体系的目标及班集体各发展阶段的教育主题。但是，这些教育主题不是按照学校教育要求简单演绎出来的，而是从班集体实际出发，把各种教育要求有机纳入班集体建设的教育主题之中。一般而言，一个学期可以设计2~3个教育主题。这些主题应从学生的角度提出，并与解决集体发展中的关键性问题相联系。例如，某校高一（1）班在第一学期，设计了三个教育主题：开学第一个月的"相聚高一（1）班"、期中的"学会自主学习"、期中后的"规划未来"。这样，就较好地把班集体发展的目标与学校教育要求结合了起来。

班级活动方式要灵活。根据班情，创造各种新的、有效的活动方式，如班级特色活动，即根据本班集体特色建设需要所创造的并经常开展的活动。例如，有的班级把培养"书香班级"作为特色，为此，课外阅读分享、交流便成为他们班级的特色活动，并以此凝聚集体精神。除此之外，还可以设计一些展示学生个性爱好、营造班级情感氛围、师生真诚对话、知识信息交流、分享身边的感动等活动，使班级活动体系既体现本班特点，又能促进每个成员全面、主动的发展。考虑到班级活动时间的限制，可以设计一些 10~15 分钟的班级微型活动。由于班集体和成员的发展并不一定完全按照教育者预设的路径进行，所以总会出现一些波折和意外，而这些波折和意外，常常是生成有价值的班级教育活动的重要资源和契机。

班级活动要让学生真心参与。班主任不能简单地从教育要求出发设计活动内容和主题，而应从班级生活或学生发展实际中生成鲜活的活动内容，把教育意图隐含在富有吸引力和挑战性的活动任务之中。例如，培养班集体的凝聚力，不是举行一次培养凝聚力的主题班会，而是让学生投入一场事关集体荣誉，需要互助合作、全心协力的活动过程中。

班级活动要符合学生的认知。按教育理性演绎的活动往往违背了主体生成建构的逻辑，难有实效。因此，应按集体主体生成建构的逻辑来设计活动过程。例如，设计爱国主义教育活动，从爱国主义概念或教育要求出发，组织一次"为 2008 年奥运会献计"的活动，并按调查、收集资料、讨论、写成建议书等学生参与事件的真实过程来设计。这样，才符合活动主体生成的规律。

活动的设计要让学生有集体归属感。集体教育情境，是一种能真实唤起集体内在情感，激发学生参与活动，并获得强烈集体和个体情感体验的教育心理场。班级活动设计的关键是有效的活动情境，通过特定的教育情境才能使集体获得某种特定的感受。例如，在活动中通过创设"挑战—成功"情境，使集体获得成功感和自尊感。

为每位学生设计自我满意的活动角色。班级活动的成功需要每个学生的参与，发挥其各自的价值。班级活动设计中应尽量为每位学生设计适宜的角色。活动角色既体现了集体的积极期望，又为每位学生提供了自我价值表现的平台。特别是对那些平时不受关注的学生，更应如此。

把集体成员分成若干个活动小组，分工合作，适时展开组际互动。班级活动要成为发挥每个成员作用的共同活动，必须划分活动小组。每个小组都有集体赋予的任务和责任。在教师的指导下，小组内成员进行分工合作，形成本小组的活动口号和规范。小组是班级活动的基础，只有通过小组才能调动每个学生的积极性和创造性。

设计学生之间分享体验、集体性评价和价值引领的活动环节。在活动中，每个成员都会有不同的感受，甚至消极的体验。通过交流分享彼此的感受，既可以丰富每个成员的经历和体验，又能及时引领集体建构更积极的价值共识。在价值引领中，不要通过说教，而应巧妙地利用活动中的资源（如学生榜样、师生体验等）进行无痕的引领。

教师要设计和把握好自己在活动中的角色行为。教育活动设计首先是班主任角色行为的自我设计。在活动中，班主任既是平等的参与者、促进者、引领者，又是教育情境因素的重要组成部分。因此，班主任的角色行为应服从于教育情境的创设和优化，而不是游离于教育情境之外，更不应凌驾于教育情境之上。同时，班级活动是一个不断生成的过程，班主任要善于观察、及时引领，生成更丰富、更深刻的教育情境。

（摘自胡麟祥《集体建设背景下的班级活动》，有改动）

【供你参考2】班级活动常用形式

模拟扮演式主题班会。让学生在不同的环境下扮演不同的角色，以增强学生的内在体验。例如，在学生出现矛盾后，班主任针对这种现象，可以重新模拟当时的情景，让学生换位扮演，既能很好地化解矛盾，又可以更好地教育其他学生。比如，为了教育学生理解父母，可以模拟家庭生活，让不同的学生扮演不同的角色，体验父母的辛苦和对自己的关心。

咨询答疑式主题班会。班主任可以定期组织咨询答疑式的主题班会，通过调查，确定学生最关注和最期望解决的问题，让学生围绕主题确定问题，然后邀请科任教师、学生代表、学校领导或心理学专家为学生释疑解难、排除心理障碍。

专题报告式主题班会。学校在不同的教育阶段可以召开专题报告式主题班会，围绕某个教育主题，邀请具有较强的典型性和权威性的人作专题报告。比如，请革命老前辈介绍新生活的来之不易，请司法人员作预防犯罪专题报告，或让班级中优秀的学生介绍自己的学习方法或经验等。但是应该注意，采取这种形式一定要选择好专题，要了解和把握学生的思想脉搏，针对学生关心的问题和渴望解决的困惑选择专题，以激起学生的兴趣和参与的主动性。

成果汇报式主题班会。以往我们往往只注重学生参加社会调查、参与社会实践活动的形式，对学生的内在体验缺乏有效的了解。因此，班主任可以及时召开成果汇报式主题班会，让学生报告自己在调查中的发现和参与活动的体验，展示自己取得的成果，表现自己的特长和才能，在相互交流中增强成就感和自信心，最终培养学生的社会责任感，为学生未来的发展奠定基础。

专题辩论式主题班会。针对学生易混淆、理解不深的问题，或者学生感兴趣、平时议论较多的热点问题，可以设置专题，选取班内学生分成正反方进行辩论，并允许其他学生发表意见。通过辩论让学生弄清楚那些容易混淆的敏感问题，同时培养逻辑严密、论证充分的思维方式，提高口头表达能力。这种类型的班会将知识性与趣味性融合在一起，可大大激发学生的求知欲，可使学生在轻松的气氛中受到教育。

实话实说式主题班会。青少年有自己的思想，有自己的看法，渴望独立地分析问题和处理问题，但在实践的过程中往往会出现偏差。这时，可以围绕学生普遍关注的热点问题，仿照中央电视台的《实话实说》栏目举行主题班会，通过学生的交流、讨论及教师的点拨来提高学生认识问题和分析问题的能力。比如，以学习成绩与家教关系为主题实话实说，学生用自己的亲身体会共同交流、讨论，大家一致认识到：学习成绩的好坏与请家教没有必然的联系，学习成绩的提高与自信心密切相关，这其中必不可少的是敢于提问、勤奋努力、独立思考。这样的班会形式简单，以"聊"为主，学生通过愉快的交谈，达到自我认识、自我教育、自我提高的目的。

娱乐表演式主题班会。教育活动的效果在一定程度上取决于学生的参与程度。形式新颖、娱乐性强的主题班会往往能够满足学生的好奇心，调动学生参与活动的积极性。因此可以设计一些娱乐表演式的主题班会，将教育寓于活泼、轻松的娱乐之中，使学生在心情愉悦、潜移默化中受到启发。比如，学习先进模范，单纯说教往往显得很枯燥，可以让学生将先进人物的事迹编排成各种文艺节目进行表演，在娱乐活动中受到教育。即使是严肃的主题，也可以在不偏离主题的情况下，让学生采用小品、合唱、快板、诗朗诵等形式，提高教育的效果。

班级活动的形式还有很多，每次班会也不是只能使用一种形式。形式是为主题服务的，关键要选好活动的主题，要体现它的教育性，然后根据主题选择一种或多种形式。

（高琪　张锐）

【特别提示】新手最应该避免的

担任班主任工作不久的青年教师，对组织学生开展活动充满热情，但由于缺乏活动策划的专门培训，所以习惯跟风。

一是"跟年级组老师之风"。看见别的班级在搞什么活动，特别是成功的活动，就迫不及待地把活动移植到自己班，效果却常常不理想。因为一次成功的活动需要坚实的根基和前期活动的铺垫、积累，简单模仿，无法引起学生的情感共鸣。

二是"跟节日教育之风"。"三八"妇女节到了，就搞一个"我爱妈妈"活动；清明节开展革命传统教育；"红五月"组织学生走访劳动模范……活动一个接着一个，主题与内容不断变换。这样组织活动，能给学生一定的新鲜感，但由于活动之间缺乏内在联系，不容易把活动做深，所以难以形成持久的影响力。

（江苏省常州市蓝天实验学校　袁文娟）

【小贴士】新手可以这样入门

作一个简单的分析就会发现，除去考试复习、节假日、学校统一组织的活动，一个学期的班会课只有十几节。事先好好计划一下，应该完全没有问题。

班主任在开学之初可列一张表，一共有多少周、多少节班会课，每个月留一节课作为机动（必须有机动），其余的课时都纳入规划。当然不一定很详细，因为计划赶不上变化，不过总体构思是需要的。

主题班会课的规划主要有两个方面。

一是责任人（主持人）的选择。

无论是班主任亲自主持，还是一个学期按照班主任和学生主持1∶2的比例，都需要事先备课、搜集资料素材、设计班会流程。全部由学生主持需要规划，这节课是哪几名学生负责，那一节又是谁来准备，提前通知，做好准备。学生和班主任的主持水平不断提高，开一节主题班会课就不那么费劲了，这些都是规划带来的好处。

班会的主持人也可以提前招募，让学生有充裕的时间准备。比如，我班开发的"师话实说"系列主题班会（一档访谈节目，把领导或教师请到自己班级里和学生互动交流），都是事先把拟邀请的访谈嘉宾列出来，在全班招聘主持人，分别准备访谈提纲，分头邀请，按月进行，很有规律。再比如，"集体生日会"主题班会，每个月举办一次，班主任当主持人，为当月过生日的孩子组织一次班会，而下一期的主持人就由这个月过生日的学生担任。这个传统节目就像火炬接力一样，一个接一个往下传，井然有序。

二是题材的选择和挖掘。

题材选择不一定都需要班主任亲自来做，可以发挥学生的能力。这也需要事先规划，做有心人。第一，开发一些有班级特色的固定栏目，在班集体建设过程中可能会出现一个班的优势节目，将其发扬光大，形成传统，就成为一个班的"名片"。比如，某个班级的学生特别喜欢开辩论会，就可以每个月组织一次，用"第×届辩论赛"来命名。第二，在传统节日（如教师节、父亲节、母亲节、端午节、中秋节、感恩节、元旦等）中发掘题材。第三，结合学校的重大活动（如运动会、春秋游、社会实践等）为素材组织班会，每个月一个主题。第四，最近社会上的热点问题，如地震、海啸、核泄漏、食品安全、校车问题，等等，机动安排。

这样规划，你就不会觉得班会课没有题材和资源了。

对班会课的规划较为成熟后，班主任就应该逐步将主题班会课程化。经过一轮带班的实践，班主任开主题班会课的能力得到实质性的提高后，风格日渐成熟，准备一节班会课也就不会那么痛苦了。

（策划　汪媛　胡瑾　班主任之友杂志社）

第八章　怎样沟通效果才好

班级管理是张人际网，班主任是这张网上居于枢纽地位的一个结。

如何保证网络的畅通，班主任的沟通艺术是不可忽视的必备能力。新班主任尤其要重视自己的这个枢纽位置，用最好的沟通调动每一份力量。

一、该如何平衡各种关系

【困惑】该如何平衡各种关系

当上班主任，才发现，班主任要成为沟通专家，置身学生、家长、领导、同事之中，真不知道该如何听取各方意见，而自己又是什么角色？

【为你解惑】全局在胸，凝成合力

如果把班级比作一支球队，那么班主任便是主教练，科任教师是教练，家长是亲友团，学生是球员，而学校则是俱乐部。作为主教练的班主任必须全局在胸，通盘考虑，与学生、科任教师、家长、学校一起构筑教育的统一战线，多维度、立体式地凝成教育合力，让教育产生整体效应。

班主任与学生、科任教师、家长、学校的四重关系中，与学生相处是核心，而在师生交往中，班主任无疑起主导作用。良好的师生关系需要班主任的用心经营。关于这一点，苏霍姆林斯基曾说："学校内许许多多的冲突，其根源在于教师不善于与学生交往。"新班主任，若能在接班之初就实现与学生心灵上的顺利沟通，也就获得了良好师生关系的通行证。

家长是班主任教育行为的延伸，班主任若能顺利实现与家长的沟通，将会获得强大的外援力量。

同事是一起共处的人，与同事相处如何，直接关系到个人的工作成效和工作的幸福指数，所以绝不可等闲视之。

班主任不是孤立存在的，而总是处在一定的环境之中，这就是学校。

班主任一定要认识到在学校内部，对学生施加教育影响的因素是多方面的，一定要协调好校内的多种教育因素，有效地利用和调动校内的各种教育力量为建设班级服务。

二、与陌生的学生沟通有捷径吗

【困惑】与陌生的学生沟通有捷径吗

新生入学，那么多人，认都认不全，为什么有经验的班主任却能够很快与学生打成一片呢？

【为你解惑】掌握学生信息是新班师生沟通的基础

诚如俄国教育家乌申斯基所言："如果教师想从各方面教育人，那么他应从各方面首先了解人。"新班主任接手班级后，必须在第一时间对全班学生的基本情况进行了解和分析，尽快掌握学生准确、详尽的个人信息。

1. 记住学生的名字

案例 1

有班主任没有事先读过学生的名字，结果在点名时，遇到一些生僻字，就故意漏报，以此瞒天过海；或是自作聪明地读半个字，甚至是瞎猜，结果出了洋相。

案例 2

有班主任没能记住学生的名字，只好拿着座位表对照，按图索骥，但这招只在课堂上起作用，到了课下照样束手无策。

一个人的名字不仅仅是一个代号，更代表着他的尊严。爱学生，请从记住学生的名字开始，这是一个简单却重要的开始。对班主任而言，这既是一种礼貌，也是一种情感投资，是让学生对老师产生好感的最直接的办法之一。

教师点名看似极其平常，实则关乎教师的水平和威望。读对学生的名字，是一个细节，需要精细的准备。其实，对于有些学生的生僻名字，大多都可以通过事先查找字典来预防。除此之外，给家长打电话，让家长自然提及学生的名字，就能轻而易举地解决不认识生僻字的尴尬。

有这样一个细节值得关注，在教师没有把人与名字对上号前，学生更容易捣蛋：反正老师不认识咱们，叫不出咱们名字，怕什么呢？

如何记住学生的名字？笔者尝试着在实践中思考，在思考中践行，总结出如下方法。

（1）让学生讲述"名字"的故事

新学期，为尽快记住学生的名字，同时也尽快让同学间熟悉彼此，于第一节课上布置任务：每位同学回家询问长辈，了解自己名字的由来和寓意，下节课交流。

一个名字一首歌，一个名字一段情，一个名字一个故事。对于每一个人来说，名字都是特别的，是与众不同的。让学生讲述自己名字里的故事，一来教师更容易记住他们，他们也可尽快熟悉彼此；二来探寻过程是一次绝妙的亲子沟通机会；三来学生深刻体会了自己名字的深刻寓意后，自然对未来有了一份愿景。

（2）将学生的名字串连成文

将一个个本无任何联系的名字像糖葫芦一样串成串，学生的名字顿时有了生命，不仅代表个体，更凸显出在集体中的价值，班级也因此增添了亲密感。

例如，我用全班同学的名字演绎了一篇记叙文《郊游》献给他们：

阳春三月，正是舒怡佳时节，天上挂着一轮王欣阳，飘着朵朵陈梦芸（云）。我们翻过一座范玉峰，来到燕子成群的吕妃林和王磊林去玩……

（3）激励学生自己去表现

我与学生第一次见面时就说："同学们，老师现在教五个班，要一下记住这么多同学的名字很不容易。我最容易记住的就是那些富有爱心和责任感的阳光学生，看看哪些同学能很快被我记住他们的名字。"

当学生有了出色的表现，我就当众宣布："很高兴第一个认识的是小龙同学，细微之处见真情，小龙同学捡的片片垃圾都是为美德银行添进的笔笔存款。"

就这样，班里每个同学都知道了老师欣赏什么样的学生，自己又该如何去做。这其实是一种正面的强化作用，教师就这样轻松、快乐地记住了学生的名字。这无疑是有效深入学生精神世界的重要一步。相信学生在知道老师记住了他们的名字后，那种惊喜可以久久留在他们心中。

（4）通过游戏的方式记住学生的名字

接龙介绍。6人一个小组，小组间进行比赛。轮到的小组站成圈，第一个学生介绍自己的名字，下一人说"我是××后面的××"，后面的继续说"我是××后面的××后面的××"……翻新花样，改变顺序，多遍重复，自然对学生的名字滚瓜烂熟。

答非所问。叫张三，张三不答应，而由张三左边的同学答应。"张三去和李四握个手"，则是张三左边的同学跑去和李四左边的同学握手。"笑"料百出中，记住了名字，增进了情感。

PPT个人名片。让学生自己设计，既可让学生掌握PPT的使用方法，又可以作为交流展示的工具，让学生彼此有更多的了解。

不同的时间，不同的地点，不同的学生，不同的游戏，让彼此在轻松的氛围中相互了解。这既是体现教师教育理念的窗口，也是沟通师生情感的纽带和赢得学生好感的通行证。

2. 研究入学的资料

案例 1

一位班主任说："我怕自己受学生过去表现的影响，除了看花名册，记住学生的名字外，另外的资料都不去看。"

案例 2

有班主任拿到学生的入学登记表和摸底考的成绩后，马上仔细查看，以便物色班干部和课代表的人选。

案例 3

每新接手一个班级，我会留心一下学生的健康检查表，看看是否有学生存在身体上的缺陷而需要特殊照顾。带 2009 级 2 班，查看体检表时就发现一位智力残疾女生。我做的第一件事便是，军训时及早告诉教官，让他多多留意、多多照顾。在会操时，让这位女孩也参加，同时给每位评委写一份申请书：如果是别的同学表现不佳就扣分，如果是这位女孩就申请不扣分。这样，既维护了女孩的尊严，也让学生懂得集体的厚重内涵。

学生的入学资料，比如入学登记表、健康检查表、成绩通知单、操行评语等，是值得新班主任好好研究与分析的，从中可以获取班级最基本的信息，诸如学生总人数、男女学生比例、学生的姓名和性别、学生的户籍所在地、现居住地、家长的职业和文化程度等，有时还会发现极个别学生有先天疾病需要特殊照顾。所以，及早了解，就可以掌握主动权，班主任绝不可等闲视之，更不可置之不理。案例 1 中的教师，无疑是窄化了学生入学资料的作用。

当然，高度重视这些材料的同时，不能因此先入为主地对学生进行"定位"。因为这些材料中的信息是过去的情况记录，有些内容还有待核实，这需要班主任在与学生的后继接触中，进行深入观察和了解，从而掌握学生的材料。同时，班主任重在全面了解学生，不应局限于几个能力强的、成绩突出的、行为习惯不佳的学生。显然，案例2中，该班主任的做法有失偏颇。

3. 访谈、调查，走进学生内心

在对学生进行广泛了解的同时，还需要进行深入了解，具体可以采用以下方法。

与学生本人谈心。这可以帮助我们了解有关他们的深层次信息，诸如他们的道德品质、行为规范、心理素质等。如果说书面资料有助于我们了解学生的外部环境，那么这种谈心更多的是了解学生的内心世界。

与其他同学交谈从而间接了解。其他同学是无形的录像机，记录着一个个学生成长中的点点段段。新班主任若能捕捉并利用好这些记录，无疑可以增加对学生的立体式了解。当然，对这类信息的反馈和运用要得当得法，切不可弄巧成拙，影响学生之间的团结。因为那些在班主任面前反映了他人缺点或不良表现的学生，若被同学得知，很容易被嘲讽甚至被孤立。

通过调查了解。可以进行全班性调查，以了解每个学生的兴趣与特长、要好的朋友、目标、对班干部的竞选意向、受奖励情况等；可以向学生家长调查，了解学生的零花钱、作息时间、在家表现等信息；还可以向过去的班主任或科任教师调查，以了解他们的品质、学习积极性、学习习惯、学习方法、组织能力、各项才艺、学科兴趣、自我约束力等。使用调查法不仅可以了解和研究学生个体的情况，还可以了解学生之间、学生与班级的关系等信息。如此一来，可以突破教育时空上的限制，得以大范围、远距离、全方位的了解。值得注意的是，调查表的表述要通俗明了、简明扼要，以免令对方生厌；同时表述要科学，以免产生歧义，影响结果的准确性。

三、我该与学生保持零距离吗

【困惑】我该与学生保持零距离吗

作为一名新教师，为了能很好地与学生打成一片，我常以"涛哥"自称，与他们零距离接触。他们也乐于向我倾诉，这让我很享受。可一段时间后，他们越来越放肆，大庭广众之下直呼我"涛哥"，甚至课堂上也与我扯开话题开玩笑，在我进行批评、教育时，他们也满不在乎。我不得不严厉起来，让他们收敛一点，结果他们感到很不解，认为我变了。

有经验丰富的老教师教导我："平素要不苟言笑，而且离学生远一些，这样他们自然望而生畏。对你捉摸不透，何患搞不定？"

【为你解惑】合理距离，亲而不纵，威而有度

师生之间，应该是零距离吗？著名的"刺猬法则"能给我们很好的启示。冬季里，两只刺猬觉得冷，于是拥抱在一起，相互取暖。结果都被对方的刺扎痛了，只好分开。但寒冷又重新袭来，于是又彼此靠拢……就这样，在一次次的伤害和靠近中，刺猬们终于找到了合适的距离，既能相互取暖，又不会让彼此受到伤害。这对我们的启示是，人与人之间也必须保持适当的距离，既要建立友好、亲密的关系，又要保持一定的自由空间。教育也如此，师生之间不应形同兄弟、不分你我，也不该壁垒森严、界限分明，因为过远则有疏离之感，过近则有戏谑之忧。

那么，师生之间，保持怎样的距离才合适呢？合理的师生距离应是"亲而不纵"、"威而有度"，这有助于在学生心目中塑造可敬、可亲的师者形象。正如《美国优秀教师行为守则》中写道："不要和学生过分亲密，要适当保持点距离，但态度要友好，记住自己的目的是尊敬，而不是过分随便和亲近。"

教师勇敢地抛掉师道尊严，努力拉近与学生的感情距离，试图建立平等、民主的师生关系，本无可厚非。但在具体行动上必须预留空间，给彼此留足缓冲的余地，才是建立良好师生关系的充要条件。由此观照该教师显然走入了极端。与学生打成一片，师生间建立了新的平衡感。一旦这种平衡感被打破，学生反而认为自己受伤害了。可见，这种零距离的交往，潜伏着很大的隐患。而如果希望能通过端着架子来实现高高在上的权威，无疑又会增加师生之间的疏离感，让学生无法亲而敬之。

如何做到"亲而不纵，威而有度"？需注意以下几点。

注意分寸，尤其是言语上的分寸。不与学生开过度的玩笑，更不能是低级的玩笑。应把握好亲切和威严的尺度，这个分寸最考验班主任的智慧。

因人而异。在原则问题上坚持一视同仁，又在处理细节上因人而异，对不同的学生保持不同的距离，这也是班主任教育智慧的表现。比如，对自卑的学生，不妨拉近与他们的距离，从而激发他们向上的动力；而对强势、泼辣或是毛糙的学生，不妨稍稍远一些，以免他们得寸进尺。

因时而异。当学生取得进步时，我们由衷赞美，拉近距离；而当他们犯了原则性过错时，不妨施威，以维护规则的严肃性。

因地而异。在课外，不妨与学生一起娱乐，拉近彼此的关系，而在课堂上则保持一定的距离。这是维持教学秩序、提高课堂质量的需要。

因事而异。一些非原则问题，多是学生的无心之失，不妨多留一点空间，多一些柔性，以维持原来的亲密关系。而学生触犯原则时，班主任要严格执行班级规则，多一些刚性，这样才能做到严而有理，严而有度。

加强自我修炼。比如，以自身的人格魅力或是渊博的知识等，来增加自己的分量，让学生从内心深处敬佩自己。这才是立威之本。

四、第一次班级讲话怎样才能成功

【困惑】第一次班级讲话怎样才能成功

"为给学生最佳的第一印象，我精心准备讲话稿。果真，讲话极为出彩，学生认为自己遇到一位水平极高的老师，并为此欣喜不已。我也为自己的精彩发言而自得。但之后的许多班级常规性讲话，都是平淡无奇，远达不到学生最初对我的期望值，结果他们表现出失望的神色。"

"我知道第一次班级讲话很重要，可越这样想越是紧张。最后，我都不知道我的第一次班级讲话是如何收场的，第一次亮相竟是如此悲催。"

【为你解惑】精心准备就能从容、精彩

与学生的相处是长期的过程，所以对第一次讲话既要重视，又不可寄希望毕其功于一役。要保持一种从容的心态，同时，用心而不是刻意精心准备讲话稿，并在后继的教育过程中不断修炼自己，才能细水长流。第一次讲话，教师的精心构思本是有准备的表现，但如果不在后继过程中增加内涵，慢慢地将会原形毕露。第一次的光辉形象反而成了参照物，学生自然感叹"技止此耳"。到了这一步，班主任情何以堪？此外，对第一次亮相的过度重视，结果成了包袱，反倒影响了发挥，效果自然也不佳。

如何从容应对第一次讲话？

个人认为，不妨做以下铺垫动作。

准备几句精炼而意味绵长的话语。比如，我在与学生第一次讲话时说："我希望我们一起看风景，更希望一起成为风景。"多年后，有学生说他们永远记得这句话，有时回想起来竟眼中有泪。再如，我曾在开场白时告诉学生："0.4 与 0.5 看起来差距很小，但在四舍五入的情况下，却是天壤之别。犹如我们现在共处一室，但多年后，彼此的人生状态可能也是相去甚远。"学生也是印象至深。

准备几个寓意深刻的励志小故事。我还专门为此建了一个文档，用以积累短小、精辟的小故事，并进行分类，这样到用时便可零存整取。

准备几个有意义的针对入学新生的活动。比如，我曾邀请科任教师一起参加，让大家介绍自己名字里的故事。一来教师更容易记住学生，也让师生彼此之间尽快熟悉；二来学生深刻体会到自己名字的寓意后，增加了

对未来的一份愿景；三来当教师介绍自己的名字时，也拉近了师生间的距离。我还曾让学生自制一份简历，然后把它们一一贴在后墙黑板上，以便尽快彼此熟识。

针对班级具体情况量身定做。比如，有教师新接手一个后进班级，不用说，这个班级的学生对成绩很敏感。只见这位班主任将学生的登分表装进信封并密封好，在对学生的第一次讲话中说："这是学校给我的登分表，但我觉得没必要看，因为这些都属于过去。"然后把登分表连同信封撕碎，扔进垃圾桶。他接着说："我们不要重复过去，而是要创造新的未来……"这让学生终身难忘。

五、与学生的群体沟通怎样才能不被动

【困惑】与学生的群体沟通怎样才能不被动

刚接班，班规、班风，一切尚在建设中，学生的问题也是层出不穷，法不责众，集体批评似乎效果并不明显，团体引导有没有好方法？

【为你解惑】防患未然，掌握主动

回想自身，是在工作第二年时当班主任，自然对学生容易出现的常见问题有所了解，诸如仪表着装、迟到、逃避卫生、作业未按时完成等。于是，在群体沟通时，事先对这些问题进行了一番思考。对有可能出现的问题提前进行引导，从而防患于未然，掌握主动权。

比如，校园里，常见到学生有的刘海盖住眼睛，有的耳鬓有两缕长发，有的头顶发髻，有的满头夹子。班主任常用的办法是"禁"，批评、教育、威胁、警告。但这些方法一般只对胆小的起作用，个别"心理素质超好"的学生依然熟视无睹，任你三令五申，他们或我行我素，或采取游击战术（等你松懈下来，他就卷土重来）。于是，成了顽疾，令人头痛不已。而他们认为那样的形象是美的，或是认为那样有个性，易受人关注。靠"禁"的办法只治标不治本。唯有让他们从内心深处认为这样的形象并不美，并不受周围同伴的认可，方能药到病除。

如何从源头上着力？不由想起一个小故事：电影院里有不少人戴着帽子，挡住观众的视线，被挡视线的人心情大受影响。老板发出一道禁令，禁止观众戴帽子。但效果并不佳，众多年轻女性熟视无睹。老板又想出一招，在银幕上打出这样的通告："凡年老体弱的女士，允许戴帽子观看电影，不必摘下。"问题轻松解决，所有女性都不想被人认为是年老体弱的。这一做法其实是把将欲消除的目标行为（不要戴帽子看电影）与不愉快的刺激（年老体弱）结合起来，以达到减少甚至消除不良行为的目标。

于是，我寻思着如何运用厌恶疗法引导学生改善仪表着装。最后，我选择这样入手："今天见一高年级女生，有点雷人，披头散发，简直像梅超风。"学生笑得前仰后合。"更要命的是，她的头上红、黄、蓝、绿共有六个夹子……"学生更是笑得人仰马翻。我继续："可她自己浑然不觉，斜着头把刘海甩了又甩，把那几个夹子摸了又摸。""那不是成×姐了吗？"学生接嘴。如此一来，他们都对过分装扮有了排斥感。当然，这些话宜早不宜迟，一旦班里已经出现这种现象并成蔓延态势，说这种话容易让学生对号入座。"这不是明摆着说我吗？"跟你拗起来，效果将适得其反。

上一步，只停留于对不美形象的"破"，接下来需要"立"，这才是关键。我继续："仪容仪表是一张没有文字却形象生动的名片，南开中学倡导'面必净，发必理，衣必整，钮必结。头容正，肩容平，胸容宽，背容直。气象：勿傲、勿暴、勿怠。颜色：宜和、宜静、宜庄'的容止格言，培养出新中国总理 2 人、副总理 1 人。不能说它的成就完全归功于容止格言，但不可否认，容止格言起了莫大的作用。爱美之心人皆有之，我们要做美的发现者和实践者，对一个中学生而言，怎样的形象才是美的？""阳光！""干净！""整洁！""合乎场所！"……学生你一言我一语。我们的容止格言新鲜出炉，那就是"合乎身份、合乎场所、得体适度"。这样，才是一个仪态大方的阳光学子。

如何将这些美具体化？先从"头"说起，全班热火朝天地讨论，最后列出如下细则：男生的头发，要求前不及眉，旁不遮耳，后不及衣领；女生的头发，要求刘海不过眉，过肩要扎起，使用清新小巧的发夹；无论男女生都不得蓬头垢面，披头散发。如此一来，"头发问题"基本解决。

问题出来后的"治"终究不及事先的"防"。如此一来，便可将"堵"逆转为"导"，从而事半功倍。由此可见，在接班之初防患未然，对班级进行团体引导，是多么有意义。

六、学生报到时，我该如何面对家长

【困惑】学生报到时，我该如何面对家长

我在学生的报名册上以各式符号标注了中意之人，准备委以班干部、课代表等职。不想有细心的家长发现了这一秘密，而且看到自己的孩子不在标注之列，由此对我产生了负面印象。

说真的，刚当班主任不是太自信，我对家长非常尊重，家长有求必应。面对前来陪同孩子报到的家长，我极为耐心、虚心和谦和。可渐渐地，有些家长开始试探并得寸进尺，诸如要求让自己的孩子当班干部、指定要与谁同桌等，真让我困窘不堪。

【为你解惑】平等交往，疏密有度

公平、真诚是待人的基本原则，对学生、对家长亦应如此。班主任与家长之间，彼此都拥有平等的人格和独立的个性。双方不是上下关系，不是从属关系，而是平等基础上的合作关系。在尊重的基础上平等交流，疏密有度，是建立融洽家校关系的首要条件。所以，我们在"从谏如流"、

"虚心听取"时，必须用一双敏锐的眼睛冷静审视，认真分析，通盘考虑。如果班主任已经事先人为地给学生划分了等级，则有失公正，也是一种教育的短视。而班主任不把握好底线，未能摆正自己与家长初次"交锋"的距离，过于迁就家长，最后也会防线尽失。

面对陪同孩子前来报到的家长，新班主任该注意哪些细节？这里提供以下几则作为参考。

不妨打听一下孩子的生日。虽然这一信息在入学登记表中有，但当面问家长，会让他们收获一点意外的惊喜。家长真正关心的是老师是否关注他的孩子。可以说，家校沟通的着力点是学生。唯有在这个点上着力，才能与家长有实质性的交往。

了解父母的工作岗位和职业。这也将是一笔宝贵的资源。在以后的班级活动中，可以动用这笔资源为班级服务，诸如为班级批发小红旗或吉祥物等。

第一时间把自己的联系方式告诉家长。这便于以后及时联系，诸如生病请假、疑难咨询等；同时，请家长核对他们的电话号码，并及时更新，制作成班级通讯录，以便向家长汇报孩子的在校情况、了解孩子在家的表现；还可询问迟到原因、关切是否到家、通知接送、问候病情等。如此一来，家长觉得这样的班主任认真，自然乐于配合并给予支持。

对贫困家庭的细节关照。每学期开学报到时，需要交纳伙食费，学校有政策，凡有市低保的，可免除这笔费用。不妨提前一天通过校讯通询问家长，得到回复后再电话联系，让贫困家庭的父母配合我们演戏——与其他同学一样，先将伙食费上交，然后再偷偷还给家长。这样既照顾了困难家庭，也照顾了学生的面子。

注意仪表着装。这是非常直观的第一印象，是一个不容忽视的细节。新班主任不妨借此机会为自己塑造知性、灵气又大气的形象。这既是给家长看，又是对自己的暗示。

七、报到前的家访，我为什么吃了闭门羹

【困惑】报到前的家访，我为什么吃了闭门羹

我说想到他家去家访，结果他百般找借口拒绝。后来得知，他是离异家庭，现寄养在舅舅家。早知如此，我真该事先做初步了解。

【为你解惑】考虑细节，就能走进家门、走进心门

每接手新班级，我会第一时间根据学生的住址划分好区块，有计划有步骤地进行"地毯式"的摸底家访，通盘了解每个学生的生活、学习环境，做到心中有数，以便今后探寻根源。在此基础上，视具体情况，就一些特殊性、个别性问题进行针对性的家访，以便具体问题具体分析，由此让家访工作"点""面"结合。我总会带上相机去家访，定格学生在家学习、生活的第一现场，其中学生的优良表现又成了我在班级中宣扬的素材。

提前家访，是一种未雨绸缪的态度。而家访前期的准备及对过程中细节的考虑，更可以起到锦上添花的作用。于是，班主任在走进学生家门的同时，也走进了他们的生活和心灵世界。细微之处显魅力，最动人处是细节。

那么，学生报到前的家访该了解哪些内容？又该注意哪些细节？这里提供以下几点供参考。

事先根据学生的基本信息进行了解。尤其是单亲家庭、贫困生家庭等特殊家庭，事先有了充分的了解，便可在家访中把握措辞。

应注重深层了解。主要有三个方面。一是学生个人的一般情况，包括他们的个人成长经历，如有无与成长密切相关并继续产生深刻影响的事；作息时间和生活习惯；在家里的劳动习惯；零用钱数额及其用途等。二是学生的个性心理特征，包括他们的兴趣、爱好或特长，喜欢的书刊和影视

节目，喜欢的活动。气质类型和性格特点；交往情况等。三是学生生活小环境的具体情况，包括家庭成员的构成；家长的文化层次、工作性质、性格特点、教育方式、对孩子的期望；家长中哪方对孩子的影响占主导；父母感情；孩子对家长的关心和对家庭教育的态度等。

准备一份精炼的自我介绍。做得再好的家校联系，如果没有从教师自身形象入手，只能是流于表面、最终流于形式的联系而已。因为是新班主任，容易让家长不放心，所以需要准备自我介绍，推销自己。当然，这份表述要简短，而且便于口语表达，一旦生硬，便显得做作，会适得其反。

介绍班级的师资配备。积极宣传班级科任教师的优势和敬业精神，让家校间的沟通从信任开始。

预计充分。充分考虑此行要达到的目的、对学生产生的影响、选择何种谈话方式、家长可能的态度等；拟一份简要的谈话提纲，如同编排剧本，可避免今后家访时谈话内容重复或雷同。

记录过程。简要记录谈话内容，并整理一份交给家长。一来帮助家长回顾要点，一一对照实施。二来可以在下一次谈话前浏览一遍，使每次谈话都具有连续性。这样谈话，既有的放矢，又让家长充分感受到了教师的诚意和对自己孩子的用心关注。

妥善保管材料。家访的材料要妥善保存，可绘制成家长工作记录表，作为研究、教育学生的依据。

注意一些原则性问题。为数不少的家长为让班主任对自己的孩子有更多的关照，希望与班主任之间建立更加密切的个人关系，会赠送一些礼物或是现金"意思意思"。这类问题既关乎教师的职业道德、信念，也会为班主任后继工作陷入被动埋下伏笔。班主任需要巧妙处理，既要坚持原则，又要不伤家长的脸面；既要尊重家长的需求和期盼心理，又要引导家长进行合理交往。

八、第一次家长会怎么开

【困惑】第一次家长会怎么开

看到有的班主任，学生还没报到就开家长会了，不了解情况怎么开呢？第一次家长会什么时候开最好？需要做什么准备？家长会上讲些什么呢？

【为你解惑】抓住先机，赢得主动

农人要抓农时，军人要抓战机。新班主任也如此，在与家长沟通交流时，要抓取先机，赢得主动。以下是我在新生未报到前，给家长开的一次会，提要如下。

1. 家长需要做的准备

用品准备：手表，以助孩子掌握时间；学习用品，诸如笔、橡皮、尺等，不用修正带、修正液；工具书，诸如《新华字典》《古汉语常用字字典》《现代汉语词典》《成语词典》。

心理准备：初中作息节奏加快，应尽早调整；功课增多，可提前借阅；功课难度明显增大，做好从零开始的准备；科目分值有变化，语、数、英各120分，科学180分，建议以后的测试进行纵横比较；学习上，孩子需学会主动学习，持之以恒；师生交往上，主动表现；同学交往上，注意非正式群体，一定要健康交往；亲子交往上，要多多沟通；家校关系上，孩子在家在校可能表现不一致，建议多联系。

2. 给家长的建议

①少说以下这些话：你看人家×××；我不要你别的，你只要读好书，别的不用你管；只要你尽力就行；饭吃好做作业去。

②不要让好心南辕北辙。

③为孩子创设良好的学习氛围。

④注重日常修养，孩子是父母的一面镜子。

⑤注重家庭教育的一致性。

⑥处理关键问题一定要慎重。

⑦让孩子勤记事。

⑧制定时间表，并严格执行。

⑨新生家长三大忌：操之过急、发号施令、过分照顾。

⑩在家发现学生有以下情况一定及早与老师联系：有外伤；回家后闷闷不乐，不爱讲话，易发脾气；电话特别多，泡在网上跟同学聊天；沉溺电脑、电视，几乎没有安排学习时间；过于关注穿衣打扮，发型怪异；索要更多生活费，钱不够花；找家里其他人要钱；特别喜欢吃零食。

3. 家校互动

家长可以口头提问，也可在便签纸上留言。对一些常见问题（诸如课外"加餐"、买参考资料、报培优班、交往问题、学习习惯问题等），教师要预留好客观的、理想的、可操作的建议，做到心中有数。

家长对孩子的初中生活有了先期了解，就可掌握主动，帮助孩子实现小升初的顺利着陆。

在此，需要注意以下几点。

短信提醒。虽有"告家长书"，但仍需利用校讯通提前告知家长，并在会议当天再次发短信提示，提醒会议的时间和地点，要求带上纸、笔。

事先印发"家长会说明书"。介绍家长会的作用、提醒家长参会前该做的准备、介绍家长会的形式、提醒家长关注会后的收获、提出自己的困惑或难处等，帮助家长更深入地了解家长会，提升家长会的后续作用。且家长的到来迟早不一，事先发放可以让早到的家长翻阅，从而为会议创造良好的开端和氛围。

为每个学生准备一份桌签。用卡纸打印学生的名字，制作成一个个精美的桌签，会前放置于桌子正前方。这样家长自然会表现得极有修养，无人接听手机，无人抽烟，无人不做笔记……我乘机拍下，以便报到时播放给学生看。此外，可让科任教师对号入座，尽快熟悉每一位学生及家长。

创设平台引导家长协同教育。若第一次家长会不是在报到前开，且班级已初定规则，不妨在会上说明，征求家长的意见，以便更好地指导孩子，同时表达尊重，让他们觉得教师可亲可信。

隆重推出科任教师。热情洋溢地介绍各科任教师的教学成果、教学特色、工作作风等。这样做既能让家长更快、更全面地了解科任教师，同时也赢得了他们对科任教师的好感和信任，从而更顺利地开展工作。

九、怎样与科任教师沟通

【困惑】怎样与科任教师沟通

我意识到要重视科任教师的力量，可我担心他们的威信提高后，我在学生面前的讲话分量就变成"负增长"了。自从实行绩效工资后，我就越发不好意思去麻烦科任教师，不好意思开口了。

【为你解惑】贴心相助，让科任教师成为同盟军

马卡连柯说："哪里教师没有结合成一个统一的整体，哪里就不可能有统一的教育过程。"班主任与科任教师两者之间应彼此相依，相辅相成。对新班主任而言，充分重视科任教师的力量，把他们当成同盟军，甚至主动示弱，以退求进，无疑是明智之举。可通过科任教师全面了解学生信息，因为各科任教师会从不同角度评价学生，这些评价综合起来相对客观真实，远胜班主任一人的评价；获取信息更及时，若有不良苗头，便可及早处理，治之于未发；积极请教科任教师，他们会感觉到被重视，更会多多支持、帮助和指导自己。

在接班之初，赢得这支生力军的支援，可采用以下策略。

提供信息。新学期刚开始，就给各科任教师一个"旺旺大礼包"，内含学生名单、临时班干部和课代表的组成人选、成绩状况、校讯通网址、本班登录名及登录密码、学生个人信息（诸如家庭联系方式、家长工作单位、上学年情况综述、身体有无特殊情况等）、班级课表等，让他们尽快熟悉班级的基本情况。

制作学生座位表。座位表是教师认识学生的地图，有了座位表，科任教师就能按图索骥、对号入座，便于短时间内熟悉学生。

了解科任教师的生日。悄悄打听各科任教师的生日，一同记入班级生日表。庆生班会上，邀请各路"寿星"登场，当然，也要包括当月生日的科任教师。师生一起参与活动，一同分享蛋糕，别提有多开心。若科任教师有事不能参加，就送一碟香甜的蛋糕到办公室。教育生活也如同那块蛋糕，变得温馨、生动、甜美起来。

及时告知班级规则。班级制定公约或是新制定了一些规则和措施，应及时告诉科任教师，以统一认识，协调一致。同时，及时向科任老师通报学生近期思想状况与家庭情况，或是班级发生的重大事情，让他们对班级有更多的了解，以便更有针对性地实施教育教学。

积极"推销"科任教师。在尊重事实的基础上宣传科任教师的优点、特长、敬业精神、教育成果，积极促成科任教师与学生之间美好感情的生成。

设计好"教师节"活动。新学期报到是9月1日，一周后便是教师节，这是一次拉近学生与科任教师距离的绝佳时机。我曾与学生一起设计，于节日当晚7点到8点之间，每位同学给每位科任教师打电话以示祝福，以"响三声就挂掉"为暗号，并与科任教师约好。于是，不花一毛钱，所有老师都收获了学生温情而独特的祝福。

邀请参与活动。每次主题班会、运动会、联欢会、外出郊游、外出参观、文艺汇演、庆祝活动，尽量邀请科任教师一起参加。这样可以活跃身心，增进师生感情。有时，还可借助这些集体活动，发挥科任教师的特长和知识优势；有时，在这些活动中，还能化解科任教师与学生之间的矛盾。

为科任教师培养好得力的课代表队伍。保证课代表人选有工作能力、工作热情，能助科任老师一臂之力。

营造氛围。除了清理讲台、擦净黑板，以给科任教师良好的授课环境外，班主任还需要精心组织学生做好课前准备，为科任教师创设愉悦的授课氛围。

让学生记住科任教师的名字。要求学生以"×老师"为称呼语，而不是冠以"语文老师"、"数学老师"这样机械的称呼。虽然这只是细节，却体现出学生对教师的尊重，使教师有一种被重视的感觉。

十、学校其他层面怎么沟通

【困惑】学校其他层面怎么沟通

学校各部门布置的任务真是一个接一个，让人应接不暇。而有时家长心存怨气，不是针对我，而是因为学校的一些举措，诸如校服收费、周末补课、课程设置……真觉得自己很无力、很无奈。这方方面面，怎么才能梳理清楚呢？

【为你解惑】真诚、尊重、协助、借力，做个有心人

与校领导和负责人保持良好的上下级关系。这不是附庸的流俗，而是一门必需的学问。对校领导，要敬重而不吹捧、不奉承、不谄媚，请示而不消极等待、一味依赖，主动而不越权，真诚而又艺术地表达。要在自己的能力范围内主动承担责任，有独立的见解，能独当一面，但又不刚愎自用。

处理好在年级组中的关系。新班主任不妨与年级组长共同分析、探讨和研究班主任工作的有关问题；通过年级组学习其他班级的经验，取长补短；在为本班争取机会和荣誉的同时，也为其他班留余地。如此一来，班级就会在整个年级的"水涨船高"中获得发展。

处理好在教研组中的关系。班主任提升了学科专业水平，自然更容易获得自信，也更容易获得学生的敬重。而提升学科授课水平，需要借助教研组的力量。

处理好与教辅后勤人员的关系。班级生活的方方面面离不开教辅后勤

人员的辛勤付出，在这些方面班主任应做个有心人，教给学生学会尊重，同时配合好相关工作。

具体的沟通工作有很多办法，在此列举一二。

检查班级备品。新班主任接手班级后，要在第一时间检查班级的电教设备、讲台、橱柜等班级备品。一旦发现有毁损，要马上向学校汇报并登记。这既是对班级学生的负责，也利于学校后勤部门及早来修理。

发挥中介作用。协调好学校与家长之间的关系，充当两者的媒介。比如，组建家长委员会，明确分工：联络部统计家长的联络方式，建立 QQ 群，组织家长和教师定期联谊；活动部组织、策划家校互动活动，如"推门听课"等；宣传部负责学校特色宣传，为学校和媒体提供素材。

支持学校的体艺训练。参加这些训练对一些学生而言，是一种无形的赞誉和肯定，可增加他们的自信。这也是对训练老师工作的支持，更是对学校工作的支持。当然，班主任要在第一时间告知科任教师，并商谈好对这些学生的辅导时间，努力做到既不影响学生的学习，又不妨碍科任教师的教学进度。

学会统筹协调。有时各部门都布置了不同的任务，让人应接不暇。这时，既要与学校的总体工作保持思想上、行动上的高度一致，又要在具体执行时统筹安排，协调整合，分清主次、轻重、缓急。

积极承担任务。诸如对外展示课、班会观摩课……参与这些任务既为班级争取了更多的展示机会，使学生从中得到锻炼，赢得了一份特殊的自豪感，产生被学校关注和重视的感觉，增添了自信心；还能使班主任自身受到学校层面更多的指导和帮助，从而在工作中少走弯路。

（浙江省杭州市天杭教育集团　郑英）

下 编
成为一个优秀的班主任

　　班主任工作虽有规律可循，但教育对象是千差万别的。只有勤于思考，勤于总结，"勤"中生智，在"勤"字上下功夫，班主任才能不断成长，遇见更优秀的自己。

第九章　找准定位，班主任才能专业地成长

职业定位、职业规划关系到新班主任能不能快速成长。本章中的这些典型案例，意在为新班主任提供一些启发，帮助新班主任找到前进的方向。

一、找准自我角色的定位

自我角色的定位，指的是对所要扮演的社会角色的认识和期待。刚开始担任班主任的老师们，受到自身经验以及社会期待的影响，对于班主任这一角色的定位往往失之偏颇，或是要求很高，或是盲目固化。这样的定位很容易引发角色冲突，产生对自我能否达到角色要求的焦虑。因而，新班主任们需要找准自我的定位，以更加开放的态度来看待班主任角色。只有这样，新班主任们才能突破自我的设限，主动适应角色要求，把自我成长和专业发展结合起来，实现对角色自我的超越。

【成长之惑】我适合当班主任吗

我平常是个嘻嘻哈哈的人，按我爸的话说就是没个正形，而现在却要让我来做班主任了，我觉得这事不太靠谱。在我的印象里，班主任不是一般人可以做的，首先一定要镇得住，要威严，我这个性，估计很悬。开学一段时间了，我一直纠结，想端起架子，建立威严，又觉得过于做作，都不像自己了；想由着性子，与学生打成一片，又怕有失尊严，没个老师的

样，管不住学生。我该怎么办呢？我适合当班主任吗？这段时间，这样的问题总困扰着我。

【为你解惑】适不适合不在于个性，而在于心态

什么样的人适合当班主任？还真难找到一个明确的答案。也许优秀的老班主任们会从一个优秀班主任的特点这一层面来反推，从而给出许多答案。应该说，新班主任们很高兴看到这样的回答的，因为有了可供模仿的方向。但是，有了答案这个问题就解决了吗？或许还是没有。新班主任们之所以会关注适不适合，显然是因为遭遇了困难，对自己的个性与班主任工作的契合度有了怀疑。但是，班主任工作不是你想换就能换的，如果硬要改变个性来配合工作，又有削足适履的感觉。

所以，关键不在于答案是什么，而在于为什么会有这样的问题。在笔者看来，追问个性适不适合，其心理根源是出现了角色冲突，自信心受到了影响，这可能是两个方面的原因。

其一，班主任角色被不自觉地固化。

在大部分学校，担任班主任都是不可逃避的选择。而在担任班主任之前也不会有太多的交流与培训，新班主任很难得到关于班主任应该是怎样的明确答案。因此，新班主任走上工作岗位，在阳光、有冲劲的背后总会隐藏着几许忐忑，这种忐忑来源于新的环境和要求，也来源于自我心中的期许。相对任课教师，对于学生的成长，班主任需要承担更多的责任。新班主任们从走上岗位的那一刻起，很自然地就会对自己有要求，要求自己去接近、去符合自己心目中那个好的班主任形象。这个形象或是来源于自己过往的受教育经历，或是来源于书刊中的某些描述。其无法涵盖班主任工作丰富的内涵，自然也就是片面的、不完整的。比如前文那位年轻班主任所提到的班主任就是"要威严"，也许就是由于他印象深刻的一位较为成功的班主任具有这个特点，而他就依照这个经验把心目中班主任的角色固化，认定其是这样一个特定形象。另一方面，教师自己的个性却是多样的，

当感觉自己的个性特点与心目中的特定形象有大的差异时，新班主任们就开始自我怀疑，从而产生了无所适从感和焦虑感。

其二，自我成长与专业发展被人为地割裂开来。

从社会学的角度来分析，自我认识并非与生俱来，而是在社会经验积累的过程中产生的。也就是说，我们完全可以在从事教育活动的过程中发现自我的特点，实现自我的完善。现实中，我们往往太在意被固化的教师角色要求，忙于按照外界的要求去扮演，而少有对自我生命成长的关注，甚至于造成工作中的自己与生活中的自己被人为地割裂开来。因此，在面对教育中的困惑时，老师们往往习惯于归因于外界，习惯于关注技巧，习惯于寻找他人的经验进行模仿，而难以发现和利用自我的优势，把真实的自我也化为一种教育资源。美国知名教育学者帕克·帕尔默在《教学勇气——漫步教师心灵》一书中指出："教师掌握了的教学技巧虽然能应付一时，但是仅仅靠技巧是不够的。"不和自我成长结合在一起的专业发展是不长远的。因此，从这个角度来思考，也就不存在哪种个性更为适合班主任的问题，不同的个性都可以在从事教育活动的过程中发展、完善，得以与工作更为契合。

那么，新班主任怎样才能更好地处理角色冲突，积极自如地投入到工作中呢？

首先，以更加开放的态度来看待班主任这一职业，明确不同个性的老师都可以当好班主任。老师的不同个性在教育教学中都有其优势，也都有其弱点。关于这一点，《不同的人格，不同的教学》一书中有着详细的描述。在书中，作者把人格按照外倾型与内倾型、感觉型与直觉型、思考型与情感型、判断型与感知型这几个维度进行区分，具体地指出了不同人格的教师在教学方式上可能呈现出来的不同特点，最后的结论就是每种个性的教师都有其优势，同样也有其劣势，因为他们面对的学生是性格各异的。比如说，内倾型的教师容易过多地要求安静，在他的班里，好动的学生更容易被批评，同时，那些沉默并且敏感的学生却能够更多地被照顾；外倾型的教师更多地喜欢表达，往往让学生没有更多的思考空间，但对于那些喜欢通过讨论来解决问题的学生则再合适不过。班级管理其实也是这样，班主任个性的不同会让他在对待不同性格的学生时呈现出不同的方式，这些方式就会很自然地对一些学生发展有利，而对另外一部分学生则相反。因此，做好班主任的关键不在于自己是什么样的个性，而在于开放的态度，在于清楚地认识自己的长处和短处，自觉地扬长避短，找到适合自己的带班风格。现实也证明了这一点，那些成名成家的班主任们并非都是某种特定的个性，李镇西温和人文，魏书生理性严谨，但这并不妨碍他们按照各自的个性特点形成独特的带班风格，在班级管理上做到优秀。

其次，要看到角色冲突的正向作用，利用其促进自我发展。唯物辩证法告诉我们，事情往往具有两面性，角色冲突也是如此。过于在乎冲突会带来焦虑，带来退缩，这是负面的；但当我们克服了退缩，让冲突不再那么激烈时，它又可以成为发展的动力，具有正向的功能。具体来看，适当的角色冲突能够使教师依据社会的期望和规范，综合社会现实和个人现实等因素，主动适应角色要求，促使教师不断反思自己的角色行为，审视自己的角色形象；适当的角色冲突还有助于教师自觉检查自身与角色标准的距离，从而使其产生提高职业能力的愿望，增加专业发展的动力。同时，角色冲突的积极解决还能使教师体验到成功的乐趣，这种乐趣不仅仅来自专业发展，更来自自我实现。

从教师的发展规律来看，"优秀的教师都是在超越了角色自我之后展示出丰富的个性自我的"。新班主任们明确了这些，并且能够在工作中有意识地去往这个方向思考，关于个性与工作要求的冲突自然也就不再是问题，我们也就能够更多地把注意力放在完善自我、探索专业上。

二、正视挫败和消极评价

新班主任由于缺乏经验，得不到足够的信任，错误容易被放大，在听到消极评价的时候，很容易出现自我否定，产生挫败感，从而丧失信心，影响成长。因此，对于新班主任而言，有一个积极的心态，对挫败和消极评价能够正视，客观归因，更多地看到问题的积极层面，更多地关注如何改进显得十分重要。做到了这些，新班主任们就能够把面临的问题转化成为发展的资源，成为自己专业发展的推动力。同时，作为班主任，这种积极的心态不但对自我成长有重要的作用，对学生也会产生重要的影响。

【成长之惑】学生不听话，家长有意见，我该怎么办

一直都听说班主任是个吃力不讨好的活儿，以前还不信，自己当了之后才发现还真是这样。班里有几个学生特别皮，一再交代的事还是要犯，家长嘛，也不省心，平常不配合，有事还动不动告诉领导。当上班主任都已经快一个学期啦，每天起早贪黑的，自己觉得已是尽心尽力，但是现在听到的全是不满意。我是既伤心又失望，真的是自己能力不行，当不好班主任吗？我该怎么办？

【为你解惑】学会客观归因，培养乐观态度，坚定自我信心

新班主任们刚上岗，很多工作都缺乏经验，一不小心出点小差错，是不可避免的。而家长、学校总是习惯于把孩子的一切都和班主任联系起来，因此，上面老师所说到的情形也就具有了普遍性——新班主任做了很多，但是得不到足够的信任，错误容易被放大，自己感到挫败，同时更多地听到的是消极的评价。

面临这样的情形，我们的老师可能会有几种应对方式，一种是被动接受，受消极评价的影响，自己也把目光投注在这些差错上，导致很容易看低自己，对自己的能力产生怀疑，从而带来焦虑情绪；另一种则是全面对抗，把挫败更多地归因于外界，你说我差我就质问你我到底哪里差了，一定要讨个公道，结果与学生吵，与家长吵，与领导吵，最后也吵不出什么结论，而关系却破坏了。应该说这两种处理方式都是不恰当的，它反映出的是新班主任自身不够自信，对自我的认识不够客观，由此面对挫败和消

极评价的时候也就显得进退失措。

要帮助新班主任处理好这个问题，首先当然是创造良好的外部环境，如我们的社会和学校能更宽容地看待新班主任的错误，给他们有效的指导，给他们成长的时间。不过，这一点显然不是短时期里能够实现的。因此，我们还是得从改变自己着手，强大自己的内心，正视遇到的问题，正视消极评价，真正做到"有则改之，无则加勉"。

既不以偏概全，盲目扩大，也不视而不见，归咎他人，以客观的态度来定位消极事件。一个黑点在一张白纸上，我们往往习惯于看到黑点，而忽略了那一整张的白纸。评价同样是这样，班级里那么多的学生、家长，表示不满意的可能就是几个，而我们却往往会因为这几个而情绪低落。这种误区，是习惯性的以偏概全。因此，遇到消极评价，我们首先要控制好自己的情绪，客观定位消极评价，试着问一下自己：这代表哪些人的想法，是主流吗？这样去想的时候，你往往会发现其实没有想象的那么糟糕。此外，客观的态度还在于正确的归因，不轻易把他人的意见归因于"对我有看法"、"专门针对我"这样的主观指向，也不随意地把出现的问题归咎于别人的错误，而是全面分析问题产生的原因，更多关注自我，归因于那些自己可以控制和改变的方面。就比如上文中提到的"不改的学生"、"不配合的家长"，不管具体情形如何，班主任在处理问题的方式上肯定也有可以改进之处，仔细思考，寻找改进的方法，才是更好的应对方式。

培养自己乐观的态度，形成积极的解释风格，减少消极事件的影响。同样遇到不顺心的事情，乐观的人会认为这只是暂时的，并且很快把注意力转移到事情如何处理上，而悲观的人则习惯于归咎于自己，认为这是持久和难以改变的，感到沮丧。在许多人眼里，乐观和悲观是天生的，积极心理学家马丁·塞利格曼的研究反驳了这一点，他发现乐观也是可以培养的。马丁·塞利格曼还提出了培养乐观的 ABCDE 模式，ABCDE 模式借鉴了心理学家埃利斯的情绪 ABC 理论，认为当我们遇到不好的事情（A）时，我们会不自然地产生一些消极的想法（B），这些想法影响了我们的情绪，并且带来了相对应的后果（C）。他还进一步提出，要培养乐观，可以通过找出你的消极想法，观察这些消极想法带来的后果，然后找出证据驳斥（D）这些想法，由此体会自己成功应对这些消极想法所获得的激发（E）。让我们举个例子来说明吧。

不好的事情：有几个学生不听话，想了很多办法都处理不了。

消极的想法：我真是个没用的老师，连几个学生都对付不了，其他学生都在看我笑话，估计以后我的话更加没人听了。

后果：感觉很沮丧，不敢去尝试更多的办法来应对学生，关系停滞。当其他学生出现问题的时候，反应很容易过激。

反驳：遇到几个不听话的学生，这是谁都不可避免的，这并不说明我这个老师就很失败。而且，这几个孩子也不是一点变化都没有，其他学生也不一定是看笑话，前几天就有学生表示喜欢我。

激发：我还是有一点难过，不过这是正常的。我不再觉得自己没用，我需要的仅仅是在面对他们几个时再想想其他的办法，或许我可以去请教一下更有经验的老师。

新班主任习惯于使用这样的方式来处理遇到的消极事情，慢慢地就能形成积极的解释风格，变得乐观。

要发掘自己的成功经验，建立牢固的自信，增加面对消极评价的底气。要做到面对消极评价泰然处之，坚实的自信是基础。一个有着坚实自信的人，信任自己的能力，对自己追求的目标有着坚定的信念，懂得"我的天赋是用来做某件事的。无论代价多么大，这件事必须做成"。依靠这样坚强的支柱，就可以勇敢地面对一切困难，发挥每一分潜力，自然也就不容易受消极事件影响。对于新班主任而言，这样的自信是怎么形成的呢？我们说，人的自信往往受到三个因素的影响——外界的评价、过往的经验以及自己的思维倾向。这三者中，外界的评价我们无法左右，所以由思维倾向带来的过往经验就显得至关重要了。每个人的人生经验里都必然会有成功和失败，但是不同的人选择留在记忆里的却大相径庭，而这也就导致了自信或是不自信的差异。对于年轻班主任而言，学会寻找成功经验是增强自信的一种好方式。简单来说，即把注意力放在自己做成功的事情上，从中总结经验同时发掘自己的优势和长处。比如，有一次讲话学生反响特别好，说明这里我做对了，那么，这次说话有什么特点，对于我有什么借鉴作用，就可以总结；这同时还说明我是具有打动学生的能力的，我需要的只是把这些积极的经验进一步发挥出来，更充分地运用到工作中。经常这样思考，你就会发现自己的优点越来越多，自己的成功随处可见，自然也就会更自信了。

新班主任容易遇到挫败，经常听到消极评价是事实，但如果我们有了坚实的自信、乐观的态度，这些就可以转化成为发展的资源，成为我们迈向成功的推动力。这种积极的心态不但对自我成长有重要的作用，同时对学生也会产生重要的影响，帮助他们获得更为美好的人生。

三、感受来自工作的幸福

怀揣着教育理想的年轻班主任步入工作岗位后，往往容易在现实中一再碰壁，理想与现实的巨大差异严重影响了他们对自己能力的评估、对教育工作的期待，他们感受不到工作的乐趣，也感受不到自己的价值，会自然地厌倦工作、怀疑自己，自我效能感低下。因此，年轻班主任们需要调整期望值，在日常工作中发挥创造力，把注意力放在小的成功上，只有这样才能逐步提升自我效能感，更好地感受来自工作的幸福，获得积极的工作动力。

【成长之惑】班主任工作怎么和我想的不一样

读完了李镇西等专家写的关于班主任的书，班主任在我的心里成了一个充满幸福的职业，他可以每天和学生打成一片，可以按照自己的思路去营造一个班级，可以最大限度地影响学生的心灵发展……所以，得知自己要当班主任了，我早早地开始做准备，打算按照心中的美好愿景大干一场，打造一个特色的班级。但是，真的当上了班主任，我却发现现实和想象距离真的很大。工作更多的是枯燥，学生更多的是顽皮，每天忙不完的是对付任务和检查，每天要面对的是这个告状、那个下滑……按照自己的想法带班也是做不到的。一开始，我想着应该关注学生的全面发展，不能只以成绩论英雄，要求他们下课休息，课外嘛，要自我拓展。但一段时间后，科任老师都来告状了，说我们班的学生学习懒散，考起试来也比不上其他班级。没办法，只好马上改弦更张，牢牢地盯住学习。当了快一个学期班主任，发现自己整天忙忙碌碌，却连忙了些什么也说不上来。至于说建设班级、培养个性这些想法，自然都成了空话。老实说，现在的我对自己的班主任工作是失望透顶，想着这样的生活还得一天天地继续，心里不由得涌起几许厌倦。

【为你解惑】调整期望值，发挥创造力，提升自我效能感

很多年轻班主任在迈入工作岗位时都怀揣教育理想，这些理想往往来自各类书本，来自大学老师关于教育的描绘。这些"应该"带着各种美好的印记，一头连着国家、民族的明天，一头连着美好、诗意的现在，最大限度地激发出年轻教师身上固有的热情，使他们对工作前所未有地投入。但是理想很丰满，现实很骨感。现实的中国教育与教育的"应然"有着太大的差异。因此，正如上面老师所描述的，充满热情的新班主任很容易被现实打倒，美好的设想脱不出应试的泥沼，创新的举措在坚硬的现实面前也只有选择一再低头。在这样的情形下，新班主任们的自我效能感受到严重影响，感受不到工作的乐趣，也感受不到自我的价值，会很自然地厌倦工作、怀疑自己。

自我效能感这一概念源自美国心理学家班杜拉的效能理论。它指的是个体对自己是否有能力完成某活动或行为所具有的信念、判断和自我感受。自我效能感理论认为，人们选择投入某项工作的关键因素不是能力的高低，而是对能力的评估。高效能信念的个体不管遭遇什么样的困难都有着实现

目标的强烈动机和坚持性。而不少怀揣理想的新班主任们在现实中的碰壁严重影响了他们对自己能力的评估，因而克服困难的勇气、实现梦想的动机也就随之大大削弱。

那么，面临这样的情形，我们新班主任如何做才能振作精神，直面困境，投入工作呢？很显然，在工作中感受到成就，提升自我效能感是最为关键的。

第一，调整期望值，不求全责备，从力所能及的改变中收获成功。

调整期望值，也就是给自己定的目标要适合自己的实际情况，不要因为目标不切实际而导致无谓的挫折感。新班主任缺乏经验，因此一开始就把"带出风格"这样的教育理想作为目标，显得高了些。

当然，这并非要求新班主任放弃理想，重走老路，我们需要的是在理想与现实之间寻求平衡，既要坚持心中的理想，用理想的标准来观照我们的教育，又要顾及现实的可能性，站在现实的土壤上实施我们的教育。具体到操作中，那就是立足现实，不求全责备，在做好手头之事的前提下做力所能及的改变。我们可以从小事做起，比如说，与学生一起读一本书，开一次让学生敞开心扉的班会，布置一个学生感兴趣的作业，等等；我们还可以从小的改变开始，比如，找学生谈话时停下手中的活儿，在学生迟到时，说上一句"我想你应该有你的理由"。当我们把注意力投注于此，从这一个一个的"小"着手时，你就能够逐渐累积很多的成功，你会感到你的学生越来越活跃，越来越可爱，你会感到理想与现实之间的距离原来并不遥远。

第二，发挥创造力，赋予日常工作更多的意义，在创造性完成工作的过程中提升自我效能感。

心理学上有一个经典的实验，同样一个任务，一个小组在布置时告诉他们这件事情很有价值，而另一个小组则没有这一步，结果两者在完成任务时的表现有了很大的差异，认识到任务意义的小组表现要好得多。这个实验告诉我们，如果我们能够认识到自己所做事情的意义，就能够更加投入，并且从中获得更多成功的喜悦。新班主任们之所以容易对现实工作产生厌倦，其中很重要的一个方面就是没有认识到日常琐碎工作的意义，即使完成了也感觉不到自我价值，自我效能感低。

这就需要新班主任们发挥创造力，以理想的教育为目标，以研究的目光为指向，赋予日常工作更多的意义，并且创造性地完成。比如说，学校布置大扫除，那么就想到大扫除与培养班级团队合作是有关系的，然后思考可以在这个环节上做点什么。这样，日常的工作就具有了挑战性，班主任就有了发挥创造力的空间。班主任繁杂的日常工作由此转化成为富有激情的创造性工作，而且，由于目标更多的是由自己决定，不用面对硬性的评价，那么尝试中所得到的任何结果都可以成为自己的收获，都可以是克服困难达到目标的经验，这正是获得高效能感最为重要的因素。新班主任能够充分感受到自己工作的价值，工作也就成为了事业。

第三，立足自己的优势，投入专业成长，感受职业幸福。

在教育教学实践中，我们不难发现，专业能力高的教师，往往能在工作中充分展现自己的优势，在工作上游刃有余，很自然地赢得了同事的尊重、领导的欣赏、学生的爱戴和家长的信任，他们也就很容易感受到幸福。对于我们新班主任而言，要获得职业的幸福，那就投身到专业发展中，通过自我反思、合作促进等多种方式找到自我优势与工作的结合点。教师的专业成长与其幸福感是相辅相成的，教师有了较高的专业水平和能力，就会促进自身职业幸福感的提高。反之，教师有较强的职业幸福感，也会促进个人的专业成长。

其实，理想很丰满，现实更丰富，而且在现实中走向理想的道路也十分宽广。当我们调整期望值，发挥创造力，立足专业成长，我们会发现属于班主任的那份特有的幸福。

四、突破人际交往的困扰

年轻的新班主任很多都会遇到人际的问题，或是在与同事相处的过程中发生冲突，或是因为不恰当的言论招致非议。这些情况的出现更多是由于他们对人际关系的处理不够重视，也缺乏处理复杂人际关系的能力。对于班主任而言，良好的团队合作是做好工作的基础。因此，新班主任们需要改变心态，更加重视人际关系，注意自我人际交往能力的提升，突破自我局限，营造良好的人际氛围，从而更好地促进自我的发展。

【成长之惑】我该怎么和他们相处

我本来想，当班主任，管好自己的班，上好自己的课就好了，和别人又没多少关联，同事相处应该挺容易的。但是当上班主任后，我才发现还真没想的那么简单，学校的人际关系也是很复杂的。首先是科任老师。与平行班比，我们班数学相对弱一点，所以我也倾向性地帮他多管一些，结果却听说数学老师说成绩不好都是我这个班主任时间占得太多影响的，说我没大局感。其次是其他班主任。我们班的一个学生和另一个班的学生打架了，对方班主任就找过来说都是我们班学生不对，但我听了事情的原委觉得不是这样，就争辩了几句，结果她就连我都骂上了，说什么新老师还这么刺，一点意见都听不得。哎！这样的事情还很多，老教师们总是都有理，而且还特敏感，我都不知道怎么就又把他们给得罪了。是不是年轻老师就该受欺负，我真不知道该怎么和他们相处了！

【为你解惑】突破自我局限，开放心态，融入群体

年轻教师尤其是年轻班主任，走上工作岗位后往往容易遇到人际交往方面的问题，相对于工作上的难题，这会对他们造成更大的困扰。因为工作方面的难题是清晰的，而且还可以向人请教，而人际的问题似乎是躺着也会中枪，遇到麻烦的时候都不知道自己做错了什么，就如同上面所描述的情形。那么为什么会出现这样的状况呢？当然不排除有的时候的确有一些老教师不好相处，但更多的时候还是由于新班主任人际交往能力不强，面对复杂的人际关系时未能妥善处理。

年轻教师们在学校里工作，主要是和学生打交道，他们在未当班主任以前，与社会的接触很有限，依然在一定程度上保留着大学时代的交往心态。这种心态让我们的年轻教师保留了阳光和冲劲，但也容易导致率性而为，忽视一些社会交往的规范。这种忽视在与学生交往时问题不大，但是放在同事关系中却容易带来麻烦。同时，相对其他职业的培训，教师培训对人际交往能力的培养不够重视，不能在这方面给新班主任以帮助，也进一步加剧了这个问题。

我们知道，教师职业其实特别需要同伴间协作，教育更多的是一个团队的行为，而班主任就是这个团队的核心，需要协调和处理团队中以及团队各成员间的各种关系。人际关系处理得是否得当，在一定程度上决定了班主任工作的成功与否。因此，我们新班主任如果希望做好工作，就需要主动地调整心态，注重人际交往能力的自我训练与逐步养成。

具体可以从以下几个方面着手。

1. 调整交往的心态

应该说，在人际交往方面，多数新班主任是想法很少的，他们不会刻意地去关注人际关系，一切都很随性。在他们的观念里，我管我的班，他教他的书，大家又没有什么利益冲突，自然也就不会有什么矛盾。事实上，在学校里，辅导时间的分配、班级成绩的比较、班级集体荣誉的评比、班际之间学生的斗嘴打架，甚至卫生清洁区的划分，都会导致各种各样的纠葛出现。而学校中的老师，年龄不一样，性格脾气也不一样。假如不加以注意的话，一不小心，就很可能卷入一场人际关系的纠纷之中。因此，新班主任十分需要提升自己对人际关系的敏感度，需要意识到与人相处是要注意方式方法的。当然，注意方式方法绝不是刻意讨好，它体现的是人与人交往的基本态度，更多的是对人的尊重。这种尊重可以表现在很多方面，比如说谦虚，多主动地向老教师请教，遇到问题多反思自己的不足；再比如说礼貌，在与年纪比自己大的老师打交道时懂得基本的礼仪。这些不仅有利于我们建立起良好的人际关系，同时也是自己文明素养的体现。

2. 突破自我的局限

年轻班主任总的来说缺乏人际方面的磨炼，还不够成熟，因此在处理人际关系的问题上往往体现出一些自我的局限。首先，在对事情的看法上，他们习惯于简单的黑白对错，总是容易认定一件事情如果我是对的，那么你就错了，凡事都喜欢弄个明白，而现实中的很多事情客观上很难明确对错。其次，在对行为的解释上，他们习惯于自我保护：当自己获得成功时，会倾向把成功的原因归于自己，而当别人成功时，却倾向于把原因归结为外部条件。最后，在对事情的处理上，往往情感胜过理智，容易冲动，说话做事不分场合，有时甚至明明知道这样做不好，但情绪上来了还是不顾一切。应该说这些局限大大地影响了人际和谐，容易诱发各种人际冲突。因此，新班主任在与人交往时就必须清楚地认识到自己的这些局限性，出现类似情况时及时提醒自己并加以克制，这样不断地自我提醒与训练，就能够突破自我的局限，最终实现人际交往能力的提升。

3. 学习交往的技巧

新班主任要想获得人际的和谐，积极主动地学习一些人际交往的技巧十分必要。因为人际中的许多问题，要处理好不是简单地调整好自己的心态就行了，还得主动去沟通，主动去交流，而这些都是需要技巧的。比如你的搭班老师布置的作业量很多，已经影响到你的作业布置，甚至影响到学生的身心健康，家长对学校的信任程度等。这样的情况，直接说往往是不恰当的，就有可能引发意见。这就需要技巧，首先可以通过暗示、尽量少布置自己的作业等方法婉转地表达自己的看法。如果对方还是没感觉，那么我们就可以更进一步采用"明请教、暗建议"的方式来处理，用商量的语气和他讲："家长对我们班的作业布置意见蛮大的，我想了各种办法，他们还不满意。作为新教师的我，实在想不出什么好办法了。你的经验肯定比我好，你认为应该怎么办呢？"这样一说，往往会取得奇效。因为这种做法既很好地传递了信息，又充分地维护了搭班教师的面子，对方容易接受。当然，这样的技巧很多，其核心就在于多沟通、巧沟通，遇到问题的时候不仅想到自己，还能站在他人的立场想想他人的感受。新班主任成了这样的有心人，那么人际的问题自然就迎刃而解了。

总的来说，班主任与同事处好关系，不仅仅是工作的需要，同时也是自我发展的需要，和谐的人际关系将给老师们的发展带来良好的社会支撑，反之则将大大影响工作的心情，导致对工作的兴趣降低。从另一个层面来看，自我发展、自我修养的提升反过来又会影响到人际关系，一个成熟、稳重、有思想、有担当的人自然更能够融入集体，获得更加和谐的人际关系。

（浙江省绍兴县实验中学　苏林）

第十章　做好职业规划，班主任就能更快地成长

"一年之计在于春"，"一生之计"在于青春好季节。年轻的班主任，在这段美好的青春韶光中，你是积极、妥善地计划或规划着自己的班主任工作、自己的教育生涯，还是走到哪里算哪里，得过且过……这些将在很大程度上决定着你的未来如何，你的人生怎样。

马克思说："最蹩脚的建筑师从一开始就比最灵巧的蜜蜂高明的地方，是他在用蜂蜡建筑蜂房以前，已经在自己的头脑中把它建成了。劳动过程结束时得到的结果，在这个过程开始时就已经在劳动者的表象中存在着，即已经观念地存在着。"我们要努力成为"高明的建筑师"，就要通过实事求是、尽可能完善的规划，让美好的班主任生涯首先"观念地存在"于我们的脑际、心间，再经由我们脚踏实地的实践，使之逐渐成为现实。

一、合理规划，是迈向成功的第一步

【成长之惑】我的班主任生涯该怎样展开

当上班主任，我对未来做了种种设想，可接踵而来的学生、家长、同事、领导的各种要求、各种问题击碎了我的梦想。我迷茫了：未来的路该怎么走？

【为你解惑】

1. 合理规划，迈向成功第一步——从现在开始规划

敬一丹33岁走进中央电视台，面对挑战，她对自己说："改变自己，什么时候都不晚。"规划自己，当然越早越好，我常看到一些年轻的班主任，在没有很好地规划自己的情况下，边工作边迷茫，有人甚至早早进入职业倦怠期。

如果在学生时代还没有规划自己，那么，就从入职时开始，从你还风华正茂的时候开始。

让我们来做一个练习。

请用几分钟思考你的一生，从出生到结束。然后在纸上画出一张曲线图，表示生命的始终，用波峰表示发生过或将要发生的重大事情。这里有过去，也有你所认为的将来。然后在曲线上标上"＋"字，表示你现在所在的位置。在这条曲线上，你会发现你所处的位置，你的未来还很长，你会明白"我在哪里"。

我们再来弄清楚"我是谁"。仔细想一想你所担任的工作与你的特征，如科任教师、班主任、骨干教师等；你是内向的，还是善表达的，你的爱好、特长何在……你要尽可能多地写出各种答案。然后，按重要程度列成表，想想哪些是重要的，是要保留的，哪些是次要的，可以或者必须改正或抛弃。

下面我们要来想想"我"将来是什么样子。先想一想：自己想在工作中得到的特定东西，你将完成什么事？会有哪些成就？将这些写下来。

最后，让我们来为你目前的职业生涯列出目录：将你的职业生涯的长期目标标在曲线的远处，再依次在这条曲线上的每一个波峰上面写上你的阶段目标。然后，思考在你的职业生涯与生活中，你什么做得好，什么做得不好，你还需要什么——需要学习，需要增加经验？你拥有什么资源？那么，你应该停止做什么？开始做什么？

完成这个练习，需要阶段性的回顾与预测，它能有效地帮助我们树立自己职业生涯的阶段性目标和长远目标。有了目标，内心才会充满力量，才会有方向，茫无目标的飘荡终会让你走向迷途，内心蕴藏着的金矿，也终因未开采而与平凡的尘土一样。（江苏省如皋市高明学校　裴友军）

2. 抓住四个要素有效规划

（1）自我认知是有效规划的基础

要进行科学、有效的规划，首先要对自己的情况以及外部环境等各种因素做全面的分析。实事求是的、客观的分析是有效规划的基础。目前常用的方法有：头脑风暴法、访谈法、问题排序法、问题树、SWOT 分析法等。

被广泛应用于企业管理的 SWOT 分析法可以帮助我们有效地进行自我分析。这种分析法从优势（Strengths）、劣势（Weaknesses）、机会（Opportunities）、威胁（Threats）四个维度进行分析、归纳，以便清楚地看到自己的竞争力和发展机会，清晰地认识到自己的不足和外在威胁。以下是一个青年班主任的 SWOT 分析——

S（优势）：

①出身于教师家庭，受到家庭的熏陶，特别喜爱教师这个职业；

②甘于奉献，全身心地投入教育、教学工作中；乐于进取，不满足现状，努力提高自己的教育、教学水平；

③年轻、有活力，充满童心，且性情温和、心地善良，师生关系和同事关系和谐、融洽；

④虚心好学，勤于从书籍中汲取营养，从同行中取长补短；

⑤爱好广泛、知识面广、知识结构合理，有利于做好各方面的工作；

⑥能够较熟练地掌握现代信息技术，并将之灵活运用于教育学中。

W（劣势）：

①班主任工作经验缺乏，个人的基本功还要不断发展与提高；

②从事班主任工作所需要的各类知识储备亟须扩充；

③在教育、教学中，发现问题的敏锐度以及思考问题的广度和深度有待提升，创新能力还不够；

④课题研究和撰写论文的能力亟待提高。

O（机遇）：

①学校特别注重教师的学习和培训，学校每学年都会组织教师外出听课、学习；

②参加德育特级教师工作室，让我的视野更加开阔，能在第一时间获取更多的教育信息；学校里有一大批工作出色、富有创新力的班主任，榜样就在身边；

③学校经常邀请各级各类专家、学者来校为教师作讲座，硬件配套设施为教师提供了更大的发挥空间；

④家长都很重视对孩子的教育，层次水平较高，为开展各种教育教学活动提供了有利的资源。

T（威胁）：

①要想成为一名优秀的班主任，需要较高的个人素养和较强的综合能力；

②现在的儿童教育时代性更强，没有现成的模式，挑战度更高；学生家长对教育的要求较高，身边的同事强手如林。

在以上四个层面分析的基础上，这位青年班主任明白了应该发挥自己热爱教育事业、热爱学习、勤于钻研、熟悉现代信息技术和善于交流等优势，抓住参加名师共同体、校内培训讲座、外出学习以及学校硬件配套设施条件提高的机遇，不断拓展眼界，提升自己的专业素养。把资源和行动集中在自身的强项和机会最多的地方，克服劣势，回避威胁。据此制定出切己的目标，找出适合自己的发展策略。

（2）合理目标是有效规划的关键

在现实生活中，有许多班主任也对自己的个人情况和外部环境进行了客观分析，并在此基础上制定了目标。然而，随着时间的流逝，他们不是半途而废，就是知难而退，究其原因，很多还是在确立目标时就陷入了误区。比如，有的目标超出了自己的能力范围，眼高手低；有的目标设立太多，顾此失彼；有的没有考虑学校发展目标，遇到阻碍；有的没有兼顾生活目标，产生冲突。

明确适合的目标是我们前进道路上的灯塔。爱默生说："当一个人知道他的目标去向时，这世界是会为他开路的。"制定目标包括两个方面。一要确立长远目标。成为"优秀班主任"或是"专家型教师"、"德育特级教师"、"名师"，固然是一种外显目标，但更应有教育水准不断提升、教育思想日渐深刻、教育影响持续拓宽的内在追求。二要规划各层次目标。长远目标放眼未来，目标明确，有大体构想即可；中期目标要求阶段性目标清晰，工作重点明确；近期目标则要目标具体、行动明确、弹性适度。在实现近期目标的过程中，我们可以借鉴"分级火箭"的思想，可根据观念、能力、知识差距，从最远、最高的目标开始，学会将目标分解开来，化整为零，变成一个个容易实现的小目标，确定每个阶段的发展任务和大体时间，并提出相应的措施，然后将其各个击破。每达到一个小目标，都能让我们体验到成功的感觉，而这种感觉必将增强实现目标的信心，继而推动自己稳步发掘潜能，去达到下一个目标。

（3）合适策略是有效规划的保证

拿破仑说："达到重要目标有两个途径——努力及毅力。"只有持之以恒，目标才有实现的可能；只有策略地付出，目标才能更早地实现。选择策略也是制定规划的重要组成部分，策略的选择主要根据自己的目标和专业发展的薄弱环节。

常用的策略有：

优势入手式。从发挥自身原有优势出发，以点带面，形成"一马当先，万马奔腾"的局面，促进自身整体水平优化，进而形成风格，实现目标。

革除弊端式。扬长是班主任发展的一种思路，弃短也不失为发展的另一种思路。针对自身不适应教育、教学的关键问题，如个性特征、教学方式方法、教育观念等，用心克服，除其弊端，从而整体优化，实现目标。

理论应用式。在理论学习过程中，结合自身工作实际进行周密思考，选定某种理论，在这种教育理论假说或理论设想的指导下，对自己的教育、教学进行新的设计和安排，以产生新的教育效果，推动专业发展。

借鉴创新式。教育、教学工作具有共同的规律，班主任要使自己走向发展，需要观摩、学习别人成功的经验。模仿、借鉴会使自己起步顺利，但只懂得借鉴不懂得创新，则很难出类拔萃。一流的班主任要在善于借鉴的基础上敢于创新，根据自身实际，将他人成功的多种因素融为一体，形成自己独特的风格。

当然，自主专业发展的途径还有很多，我们在选择发展策略和方法时还要从自身实际出发，走自己的路，让规划更具有效性和针对性。

（4）及时反思是有效规划的保障

预设和生成不可能是完全相同的。在班主任执行规划的过程中，一帆风顺只能是一种理想，其间必然会遇到许多意想不到的困难和挫折。同时，社会、学校、家庭或者自己都会发生各种各样的变化，许多变化甚至无法预测。这些可能会使你的前进道路偏离预期轨道，因此，你需要不时停下脚步，及时反思，明辨自己在整个规划中所处的位置，为调整前进方向、调整策略提供依据。

反思是有效规划的保障。反思可以是在规划实施过程中进行，及时了解实施过程中的情况，可以帮助我们发现问题，采取补救措施，以便调整某个阶段的工作方式、方法和策略。反思还可以是在完成某一项或某一个阶段工作，达成某一目标时进行，这有助于增强阶段的成功体验，在总结经验的同时发现问题，明确今后发展的方向。对自身专业发展状况再熟悉不过的只有自己，但由于长期形成的思维习惯，"不识庐山真面目，只缘身在此山中"也是客观存在的。多与专家、领导和同事对话，多与家长、学生和家人交流，"以我为主＋多方参考"，会帮助我们更客观地反思自己，为规划的制定和调整提供参考。

美国成功学大师安东尼·罗宾斯曾经提出了成功万能公式，这个公式是：成功＝明确目标＋详细计划＋马上行动＋检查修正＋坚持到底。我们惊奇地发现，成功的各个构成要素也就是发展规划的基本步骤。那就让规划引导我们正确认识自身，帮助我们重新对自己的价值进行定位并使其持续增值，引导我们设置目标时前瞻与实际相结合，学会运用科学的方法采取可行的步骤和措施，发挥优势，把握机遇，克服劣势，回避威胁，据此制订出切己的目标，找出适合自己的发展策略，为自己的班主任生涯进行一次科学有效的规划，让自己迈向成功的班主任人生吧！（江苏省南通市师范学校第二附属小学　吴冬冬）

二、怎样规划最有效

【成长之惑】规划真的有用吗

人生最大的悲哀莫过于努力之后找不到成功的大门，没有规划的职业生涯往往注定与成功无缘，但我无法让自己相信，有了规划就会水到渠成，马到成功。我该怎么办？

【为你解惑】科学评估，让规划更具实效

如何规划自己的职业生涯，的确是一个需要深思熟虑，需要实践探索才能做出回答的严肃问题，在制定、实施的过程中，对目标、方案及实施方案的过程进行科学的评估，才能不断调整以求完善。

定期与不定期相结合。定期主要是在规划初，只有进行目标评估，才能真正制订出符合自身的目标及行动计划。在实施中，可以定期每月、学期中、学期末、每学年、每届学生为周期进行。不定期，则可以随时进行。评估中要了解当前目标规划的实施情况，以及个人发展的现状，及时分析优势、劣势、机遇和挑战，识别和分析问题的普遍性和特殊性，以不断进行调整。

自我评估与他人评估相结合。除了自己对规划目标、规划执行情况进行自我评估外，还应该借助自身以外的力量——学生及家长的评估，同事

及领导的评估，甚至亲人和朋友的观察都是不可忽视的力量，可能的话，还可以请专业人员来对自己进行评估。将各方评估与自我评估相结合，有助于弄清各方的意见、需求，弄清楚自己的长处和短处，直面自身的问题，冷静反思，积极接受新的教育理念，提高自己的能力，促进自己尽快成长。

目标评估与过程评估相结合。除了对规划目标方案的评估外，其实施的过程与方法也要进行评估，以此肯定成绩、总结经验、发现问题，从而明确今后发展的方向。具体要看，目标实现的情况如何，是否切实可行，行动步骤是否完成，方案措施是否落实，其实效性如何，影响实施的内外因素有哪些，从而找到改正和补救的办法。

【经验分享1】如何获得他人的正向评价

1. 客观评价自我

自我评价要对照自己制定的各项目标，从自身发展、班级建设、活动开展、学生思想工作、家校联系等方面进行总结，对自己在理论学习上的收获做出实事求是的评价，对班集体建设成就目标达成情况做出评估，做到大局在胸，细节在心。这是一种自我审视，既不要自吹自擂，也不要妄自菲薄。有了客观的自我评价及反思调整，就能得到他人的正向评价。

2. 找准角色关系

班主任要使自己的工作得到学生和家长的认可，就必须强化自己在班级教育管理中"活动组织者"、"班级管理者"、"模范公民"、"学生的朋友与知己"、"学生人际交往的指导者"、"学生心理健康发展的咨询者"等角色，让自己的班级成为学生学习的乐园，健康成长的摇篮；让自己成为家长真正的合作伙伴、教育孩子的同盟。要赢得学生和家长的积极评价，并不意味着一味讨好学生和家长。事实上，只要科学建设班集体，营造出和谐向上的学习氛围，更多地关注并关心每个孩子，对孩子多作鼓励性和发展性的评价，班主任的工作就能得到学生、家长的认同和积极的评价。

3. 合作赢得好评

如果班主任把目光只停留在自己的一亩三分地里，不注意自己的班级工作在整个学校内的正面影响和整个班主任团队中的和谐，即使在某些方面取得一些成绩，也很难赢得同事和领导的积极评价，自然也不会得到上级主管部门的认同。

（江苏省苏州市工业园区星港学校 孙志平）

【经验分享2】反思与积累

美国心理学家波斯纳提出了一个教师成长公式：经验＋反思＝成长。通过对目标、行为的反思与阶段性成果的搜集与提炼，可以及时调整目标，自我修正，自我锤炼，扬长避短，实现专业能力的提升与个人的发展成长。

1. 反思目标实现的可能性，讲求循序渐进

制定目标伊始，不妨思考以下几个问题。

我是谁？认识自己所承担的角色，分析自己的优势与劣势，机会与威胁。

我在哪里？明确自己所处的发展阶段（起步—发展—成熟—创造……）。

我的目标是否与环境相适应？了解社会政治、经济背景和文化科技发展背景，以及学校的文化背景、学生现状，等等。

L在从事高中教学两年（并担任班主任）后，接手初一的班主任工作，不到一学期，就因班级管理不力辞去班主任之职。究其原因：从高中到初中，L没有适应教学对象的变化，高中学生比较独立、成熟，而初一学生大多天真、幼稚，也缺乏自主管理能力和意识，进入新的学习阶段，急需良

好的规范加以引导。L忽略了工作对象的特征，因而当班级出现顽劣学生并逐步影响班级日常教学时，没能及时调整目标及解决具体问题的办法，最终导致管理失控。

优秀班主任的成长绝不是一蹴而就的，从新任班主任、胜任班主任，到有经验的班主任、有一定专长的班主任，最后发展为优秀班主任和专家型班主任，其各个阶段的知识储备、思维方式和专业能力都表现出鲜明的特点。所以，反思目标的可行性，循序渐进达成，对班主任的成长极具指导意义。

2. 对自己进行行动研究，反思行走方向

个人良性发展的程序一般是：找出优势—优化素质—形成风格—实现目标，因此，要及时反思自己的行动，把平凡的经历升华为真正的、富于个人气息的经验，扬长避短，找到适合自己的行走方向，从而实现向更高层次的发展。

进行行动研究的过程，就是班主任不断发现问题、解决问题，不断取长补短、提高认识，不断学习反思和形成专业特色的真实过程。

一位新班主任的反思

我总认为"严师出高徒"，无严无以成班，但结果并非如此，班级非但没有风平浪静，反而出现了几个屡教不改的问题学生……是什么导致了这样的结果？

学生产生了逆反心理，对我的要求不再认可和接受了，甚至成了问题学生。我认识到，要调动学生的积极性，靠高压是行不通的，应尽量从学生的特点出发，在安排上注意计划性、趣味性和科学性。

有了这样的反思，该班主任的个人发展目标就不再是简单的形象，而是走向"研究学生年龄和心理特征及其有效应对策略"的科学化研究道路。

3. 注意阶段性成果的收集、积累与提炼，用于下一阶段的目标调整与实施

在班主任的成长过程中，一些具有典型性和深刻自我体验的关键事件往往起着重要的推动、催化和升华作用，成为班主任改变教育、教学行为和个体生存方式的一个个拐点。

曾经和所有班主任一样普通的吴樱花老师，自从加入"新教育"实验团队，每天坚持写教育随笔，及时记录和反思自己的教学管理得失。当随笔累积到一定数量的时候，她发现自己关注特别多的是一名学生，聪明、有个性，但桀骜不驯，很难管理。在与该生斗智斗勇的过程中，吴老师始终坚持不懈地寻求最适合该生的管理方法。三年之后，该生以该地区中考状元的华丽姿态告别初中，吴老师也获得了省德育先进个人的荣誉；记录这一过程的教学随笔也结集出版，成为她的第一本个人教育专著。在这个经验的启发下，她的专业研究也从普通的班级管理提升到"青春期症候群"与家庭教育干预的专业性研究。

从吴老师的经验中我们看到，注意阶段性成果的收集、积累与提炼，对制定下一阶段的目标或调整实施下一阶段的目标大有裨益。（江苏省苏州市工业园区星港学校　郭萍）

三、付诸行动，让规划变成现实

【成长之惑】我该如何让规划变成现实

虽然制订了近期、中期、长期的个人规划，可是总是觉得工程浩大，道路漫长，我应该如何让自己动起来，让规划变成现实？

【为你解惑】行动起来，路在脚下

规划如何成为走向成功的指南，关键在于行动起来，从现在开始，从

每一天、每一件事开始。或许，下面的一封信能让你找到行动的理由和动力。

1. 成长要趁早

写给新入职班主任的一封信

新班：

你好！

得知你即将踏上三尺讲台，并担任班主任工作，我很高兴班主任队伍里又多了一位优秀青年。面对由台下到台上的角色转变，老师当年也和你一样，充满期待又惴惴不安。回首我的班主任生涯，由刚开始的自然成长到现在的有规划发展，收获颇丰，但也留下不少遗憾。我愿将我的体验和你分享，希望你在为师之路上少走一些弯路，更早、更好地成长。在此，我想告诉你三句话。

第一句话：早定目标，规划人生。

高三那年，为了"农转非"和"铁饭碗"，我以高分被师范学院提前录取。大学里，同学们为"这么好的料子上了师范"深感惋惜；毕业时，我带着委屈、勉强的心情走上讲台。校长看我的简历不错，将一个比较差的班级交给我，希望我能够拯救它。坦白地说，当时我是一个心有旁骛的老师，一直努力寻找改变职业的机会，马虎应对工作，结果没能够把那个班级带好。现在想想，那是校长对我的信任和考验，于我而言，又是多好的锻炼机会啊！魏书生、任小艾、李镇西等教育名家，都是从最低的起点干起的。现在，每当遇到当年的学生，我总是真诚地向他们道歉："老师那时还是孩子，好多地方对不住你们！"如果那时我知道"骑驴找马，但一定要善待那匹驴"，我就不会辜负校长的期望，以良好的开端为成功打下基础。所以，你要认真考虑自己的未来。可以有改变工作的想法，但首先一定要认真工作，对得起学生，对得起社会。如果决定当一辈子"孩子王"，那就更要早日确立努力的目标，规划自己的人生。

第二句话：学习储备，打牢底子。

我工作的第一所学校是农村中学。同事们业余时间或搞副业赚外快，或打牌、打毛衣消磨时间，屈才的我虽不甘平庸，却不知路在何方，便随波逐流了。就这样，牌技和编织技术突飞猛进，业务水平却提高甚少。每当白日的喧嚣过去，在宁静的夜晚，心里总有一个声音在呼喊："我不要这样活！"我不想湮没在这样的环境里，又缺乏足够的勇气做一个大胆追求梦想的人。日子就这样一天天浑浑噩噩地过去，那是多好的一段人生啊，有充足的时间和精力，学习能力强，易于接受新鲜事物，却被我稀里糊涂地浪费了。我不可以改变环境，但可以改变自己，本可以多阅读、多请教、多观察、早进步的。

所以，希望你好好珍惜这段黄金时间，将职业生涯的底子打实打牢。现在，我们面临的诱惑更多了，干扰更大了，更要有"咬定青山不放松，任尔东西南北风"的坚强信念，提高自己抗干扰的能力。

曾经，我是一个"管家婆"，满足于管好班级的日常事务，缺乏教育思想的引领。现在，我明白了，班主任是班级的灵魂和核心，班主任的理念和高度，对学生成长和发展具有至关重要的影响。"对学生的终身发展负责"的理念，不仅让班级获得了优秀的学习成绩、突出的常规管理成绩、班级和我自己的各项荣誉，更让我收获了和学生之间无比深厚的感情，以及无可比拟的职业成就感和幸福感。这是一个创新和开拓的时代，希望你尽早在现代教育思想的指导下，从时代的高度定位教育，积极参与创新实践，博采众长，结合自身特点，早日形成自己的教育特色，构筑个性化的教育灵魂。

曾经，我是一个无趣的人，害羞、忧郁、缺乏幽默感、不善言辞、对未来不乐观，这样的性格不利于为学生树立良好的榜样。后来，在学习教育名家的理念和智慧的同时，我还努力学习他们身上折射出来的人性的光辉；周围的同事、朋友乃至学生，都成了我学习的对象。今天，我被学生称呼为"一辈子的良师益友"。在我看来，这是任何金钱和荣誉都无可比拟的荣耀。因此，希望你从现在开始，善于学习，经常自省，不断修身，努力改变个性中不良的一面，不断提升自己的人格魅力。

曾经，我没有积累资料的习惯。看过的好文章、好书，懒得做读书笔记；为了图省事，经常用纸片代替笔记本，于是，许多好的素材和案例就这样被遗忘和丢弃了。当我迫于评职称的压力开始写论文时，才发现"书到用时方恨少"。今天，我知道能不能最终成名成家并不重要，但我一定会是名师之路上快乐的赶路人，因为其过程已足以让我和我的学生受益匪浅。因此，希望你能在每一天的工作结束后，细细捡拾一天的收获，将之记录下来，用恒心编写自己教育生命的旅程，多年以后，蓦然回首，发现已走出一条属于自己的路……

第三句话：营造氛围，行动起来。

将规划打印出来，贴在自己随时能够看到的地方；将规划告诉家人和同事，请他们帮助、提醒和督促你；和学校领导交流你的规划，请他们结合学校的需要给你创造完成规划的机会，如工作安排和外出培训交流等；找一两个志同道合的同学或同事，一起行动，及时交流、互相督促、共同成长；在身边找一个优秀的同事做你的师傅，请师傅指点你的各项工作；遇到困难时，多向师傅请教……这些方法也许能够帮助你更好地执行规划。

××，你赶上了好时代，我羡慕你，也为你高兴。美国成功学大师安东尼·罗宾斯认为，成功的万能公式是：成功＝明确目标＋详细计划＋马上行动＋检查修正＋坚持到底。希望你能早日制定好职业生涯的短期、中期、长期以及最终目标。当你在学习、模仿、创新的过程中一步步成为教坛新秀、骨干教师、学科带头人、优秀班主任、名师、特级教师或教育家时，你会发现，其意义远不止这些荣誉称号所带来的金钱或者光环，能用自己的教育理想去影响一批批学生，在成就学生的同时成就自己，你会感到：有追求的教育人生，原来可以如此幸福！

（江苏省如皋中学　袁晓琳）

2. 规划要趁早

关于班主任生涯规划，我想说两点。

第一，规划自己，当然越早越好。作为年轻人，我们的人生规划原本应该更早一些。现在，国家越来越重视对高中生进行人生规划指导教育，但在中学或大学阶段，有着明确、清晰人生规划的学生还是少之又少。走上讲台，才开始规划自己，不免有点迟了；如果你过去在此方面无所作为，现在虽说迟了一点，但还可以有所作为。建议年轻班主任将这件事情作为自己入职后的第一要务，抓紧、抓细、抓实。

第二，正如李瑞环同志在《辩证法随谈》一书中所言："规划离开计划，就会'规划规划，墙上挂挂'，难以变成现实；计划脱离规划，就会'计划计划，经常变卦'，很容易搞乱。"我曾建议，年轻教师在专业发展方面要"眼高手低"，所谓"眼高"，就是看得更高远一点；所谓"手低"，就是从近处的、细微的事情着手，积小事细行而成就高远的目标。从一个角度看，"眼高手低"之说也道出了规划与计划之间的关系：我们既要有能够观照自我某一段教育生涯乃至整个教育人生的"规划"，也要有安排一定时期乃至某一天中的具体工作内容、程序、时间节点等的"计划"——让"计划"因"规划"而有结构性、统整性，让"规划"因"计划"而显务实性、充实性。（江苏省南京市教育科学研究中学　冯卫东）

第十一章　专业写作，让班主任"飞"起来

广大教师由于自身偏于实践性或感性的工作特点，因此，其研究不同于高校教师、研究机构的专职人员，不必追求"学院（派）风格"，不必执着于理论体系的完整、逻辑推理的谨严。我们的研究可以自由、从容一点，就像俞平伯先生所说的，在散步中拾起几枚美丽的燕石；或者像成尚荣先生所说的，进行散步式的研究与写作。

不必讳言，作为新班主任或年轻班主任，我们的阅历还不够丰富，我们的思想还不够成熟，我们的羽翼还不够丰满，因此我们的研究还比较简单、浅陋。但这些都不足以成为我们不去研究的理由和借口，在一定意义上，我要说，从你走上讲台的那一天起，你就必须是——注定是一个研究者。那么，无妨随时拾起田边、地头那几枚美丽的燕石，它们会使你如同一名优秀青年教师所说的："改变一点点，一点点改变。"

一、教育随笔写作：倾听自我的"心音"

作为一名班主任，怎样让自己从烦琐的班务工作中体验幸福、不断超越呢？朱永新教授独具特色的"教育成功保险公司"告诉我们：以真实的教育生活为素材，在教育随笔的写作中倾听自我，努力聆听心灵的回音，做自己精神上的密友，是一条行之有效的路径。现在，就让我们坐下，静静倾听自己的"心音"，在随笔写作中表达"心音"吧。

（一）回放，让事件定格闪亮

忙碌了一天的你，现在请舒展一下筋骨，泡一杯热茶或咖啡，和着它的清香闭上眼睛，让大脑成为"放映厅"：今天，我的课堂哪个环节最成功，哪个细节没有处理好？班级开展了什么活动，情况如何？处理了什么学生问题，效果怎样？我的"火眼金睛"发现了什么问题……在这一系列教育生活事件中，哪一件感触最深？好，赶快定格、聚焦这件事，来一个慢镜头回放，让其间的一言一行，都在头脑中清晰地浮现出来。此时我的思维定格在班会课上的一个小插曲：一个女生表达了与同学闹矛盾导致友谊破裂的遗憾，我没有现场营造和解氛围，同事们评议时认为我没有利用好生成性资源。

（二）咀嚼，让思想沉淀丰厚

当我们的思维定格于某一具体事件时，内心会油然而生一种真切的情绪体验，或为自己成功的举措自豪，为师生或生生之间的美好情感感到幸福；或为自己欠妥的言行自责，为未能达到理想效果遗憾；或像我此刻一样，为某一问题而困惑。但绝不能满足于此，让我们好好思索一番：这一成功事件，折射了怎样的教育思想？它给我什么启迪？从中我能积累什么经验？这一失败事件，给我什么警示？我该怎样弥补？面对此时定格的事件，我则不断地问自己：当听到那位女生的遗憾时，我最初的反应是什么？为什么不抓住这一资源？如果课堂上当即就采取措施，会出现怎样的情形？现在我能为两人友谊的恢复做些什么？就在这样的自我追问中，我进一步分析两人的性格特点，揣摩当事人可能产生的心理和反应，为自己的教育行为寻找理论支撑，为教育的后续行动制定可行方案，心中随之升腾起一份期待——对方案运行后产生的效果的热切期待。你看，在这样的思索中，我们会发现事物中隐藏着真知，现象中也包含着深意，渐渐地，我们便会欣喜地发现，我们的教育思想也会逐渐走向清澈澄明，教育行为会不断趋向科学艺术，教育效果会愈加温暖喜人，教育信念则越发坚定执著。

（三）倾吐，让心泉自然流淌

有了情的激发、思的跃动，就让我们快快拿起笔或敲动键盘，把自己内心最真实的感悟，用灵动的文字记录下来吧。怎样谋篇布局？不用绞尽脑汁，随笔最大的特色就是"随"字，没有固定的格式，可以列举几种不同的现象，在鲜明的对比中水到渠成地明白利弊；可以先客观陈述事实，最后画龙点睛，阐明自己的观点；可以夹叙夹议，事理交融，层层深入；可以由此及彼，自然联想，生成观点；可以针对事实，分条析理，论证观点……总之，要立足自身实践，紧扣某个情或理，让自己的心泉自然流淌，在真感情的抒发中表现独特个性，在真见识的议论中激荡思想脉动。这不，手随心动，我的教育随笔就新鲜出炉了。

等待花开

在"倾听教育"课题研究过程中，我执教一堂班会课——倾听心灵的回音。在引导学生回首六年的小学生活，问问自己有哪些遗憾时，女生琳琳说："前些日子，我与小慧闹了矛盾，直到今天，我们的友谊还未恢复，我觉得很遗憾。"不少同学的目光都情不自禁投向小慧，而小慧的脸已微微泛红，头也渐渐低下。我便语重心长而又充满期待地说："是啊，纯真的同学情是珍贵的。你现在有这个意愿，相信通过努力，最终定能拥有它。"

课后评议时，一位老师指出："这是一个很好的课堂生成性资源，如果教师能认真倾听，现场为两个孩子化解矛盾搭建平台，不但能营造真实感人的课堂氛围，而且会让孩子们体验到倾听成功的喜悦。"这个观点得到很多在场老师的认同。

其实，在听到琳琳心声的一瞬间，我也产生了让她和小慧现场沟通，为她们搭建友谊桥梁的念头，但脑中又迅速浮现两人闹矛盾时的情景……想起前期为她俩做的调解工作，想起小慧独特的个性，便迅即打消了这个念头。课上，琳琳首先说出了心声，我真为她高兴。但敏感细腻的小慧有没有想通呢？如果我在课堂上就询问她的想法，按她的个性，也有可能会当堂拒绝琳琳和好的愿望，那样岂不很尴尬？同时也会严重伤害琳琳的心灵呀！尽管只是可能，但一旦发生，伤害就无法避免。

当然，小慧也许会点头同意，当场与琳琳握手言和，但是不是内心深处的真实意愿？会不会迫于现场同学和听课老师的期待而违心答应？如果是这样，绝不会达到应有的效果。

…………

课下，与她们分别交谈后，我决定让她们自己交流。也不知她们谈了什么，怎么谈的，大约过了15分钟，她俩笑容满面地进了教室。在之后的日子里，我又看到了她们在一起的身影。

透过这一案例，我更深地体会到：倾听儿童，有时需要迅速作出适当的反应，现场助其澄清认识，解决相关问题。但如果涉及个人情绪、私人问题，我们则需要满怀尊重，耐心等待，根据学生的个性悄然处理，静听花开的声音，而不宜在全班大张旗鼓询问，不能为了课堂中的精彩而贸然行动，那样的教育效果往往是短暂的，甚至是虚假的。

让我们每一位教育者都牢记：倾听，需要尊重，更需要等待。

现在，再回过头细细品读自己的教育随笔，你一定又会产生这样的想法：写得不错，今天挺有收获，怎样让明天的教育生活也富有创意呢？于是，你开始规划新的一天，因为，"写得精彩，就要求活得精彩"；少了些深度，缺了点新意，怎么办？于是，你更主动地阅读，让书香滋养自己的底气和灵气……

如果我们经常在教育随笔的撰写过程中倾听自己，定会悄然发现，我们的教育理想与信念在加热升温，实践、反思、追寻、享受便会成为我们自发的、充满活力的生命状态。这时，我们也就可以自豪地说："我把握了幸福的开关！"

那么，静静地，让我们一起倾听自己的"心音"，将撰写教育随笔变成一种习惯和本能，在文字中感受生命拔节的畅快吧！

（江苏省如皋师范学校附属小学　章小英）

二、撰写教育论文：让你更上一层楼

要想知道一位班主任能走多远，首先要看他的视野有多宽，然后看他的腿有多大的力。

实践—反思—再实践—再反思—寻找问题解决的答案，是做好班主任的前提。写作的过程就是不断思考完善的过程。每一篇班主任论文的撰写，其实就是促使自己提升的一个过程，它促使自己不断学习有关知识，不断反思班主任工作，不断改革班务工作，使之越来越完善。如何才能写出有质量的论文呢？

（一）拓宽视野，储备一些专业知识

要想成为一名称职的班主任，必须储备一些专业知识。

如何储备呢？

向教育专家学习。他们洞悉教育现象，洞晓教育规律，深谙教育技巧，有独特的教育思想。阅读他们的专著，聆听他们的报告，学习他们通过多年学习摸索、总结出的规律，就能少走弯路，迅速提高班主任工作的能力。

向专业报刊学习。很多班主任专业报刊，如《中国教育报》《班主任之友》《天津教育》等，能针对教育现状和班主任工作的实际情况，及时有效地给班主任以最新理论的引领和方法的指导，很多方法可直接运用到工作中，每月认真钻研一两本，可以促使我们年轻班主任迅速成长。

向身边人请教。从教育一线提拔上来的，具有丰富教育经验的主管领导、身边富有班主任工作经验的同事等，都可以作为我们学习的对象。我们要多留心，多观察，多向他们请教。

向网络学习。网络以时效性和便捷性著称，我们可以利用网络的优势，学习教育理论知识和管理经验，了解教育动态。

（二）坚实双腿，用心做好班级工作

做好班主任工作和撰写班主任论文是相辅相成、相互促进的。只有用心做好班主任工作，才能有所思，有所获，有的可写。

例如，当学生面对师长的批评，摆脸色，闹情绪，甚至做出偏激的事情，轻抛生命的现象深深触动了我敏感的神经时，我开始高度关注中学生受挫现象，思考这一现象出现的深层次原因。前年暑假，我花了一个多月的时间阅读了大量有关青少年耐挫能力的心理学专著，学习国内外青少年耐挫能力培养的知识，做了大量的读书笔记，以提高对问题的认识，并在实践中进行探索，通过主题班会、个别谈心、心理辅导和各类活动来增强学生的耐挫能力。

再次进行深层次的思考，我写出了《红色警告——青少年的挫折阈限超低》一文。这篇文章荣获江苏省师陶杯论文一等奖并发表。

（三）精心构思，好内容也需巧入笔

好的文章，需要选好角度，新颖且有价值。

在日常班务中，我观察到某种现象，发现了某个问题，处理完一些事情，总要冷静思考一下：它们反映了什么现象，有没有价值，我们从中可以获得什么启示。如果那一阶段工作确实繁忙，我便及时记录下来，有时间再拿出来思考。

动笔前，我会进行大量的材料收集。一是上网看看人家有没有写过这方面的文章，若别人写过，自己又没有新观点、新角度，则立即放弃；若自己有新颖独特的见解，就继续考虑。二是收集材料论证观点。三是就相关问题深入学习。有时我们觉得对某个问题有了清晰的认识，动笔时候才发现很多问题还没弄清楚。通过收集材料，我学到了很多知识，澄清了很多模糊的概念。

确认了要写的内容后，我便精心构思，选好切入点。睡前、洗澡时、监考时、开会时，灵感，可以出现在任何时候。之后，列一个详细的提纲，包括用哪些资料也要注明。当然，还要注意些小技巧，如拟一个好标题，可反弹琵琶、化用诗句、巧用美句，可呈现观点、设置悬念，等等，让标题醒目引人。

最后，根据揭纲认真撰写，写作过程中还要不断进行调整，乃至重新构思。写作时有时只注意到局部，写好后还要进行整体思考，认真修改。成文可选择合适的杂志积极投稿，这也是对文章的一个检验，更是对自己教育研究的检验。

（江苏省如皋市石庄高级中学　陆亚红）

三、微型课题研究：班主任实现专业腾飞的跑道

我们有不少老师往往苦于不知道做什么课题，如何确定课题，怎么研究。其实，对于一个新教师来说，从微型课题入手研究，是个不错的选择。微型课题是教师为解决一个具体的、较为微观的现实问题而建构和确立的小课题，它以"小切口、短周期、重过程、有实效"为基本特征，以"问题即课题、对策即研究、收获即成果"为基本理念，是当前广大中小学教师开展研究的一种普适而又十分有效的途径和载体。

（一）微型课题怎样发现与确定

爱因斯坦说，提出一个问题比解决一个问题更重要。做微型课题的第一步是要能发现问题，能把问题"转化"成微型课题。

新接三年级（9）班，第一堂课，孩子们就给了我一个下马威：上课几分钟后，教室里依然热闹非凡，打闹声、说笑声震耳欲聋。孩子们终于注意到我这个新老师的存在，才静了下来，但是一个个坐得东倒西歪的，大多数孩子耳朵在听我说话，眼睛却左右游离，手更没有一个是闲着的，还

不时转过身去捕捉玩的目标。

"一粒沙里看世界。"我能从三（9）班发现什么，收获什么呢？首先，出现在我的脑海的是"学生良好学习习惯的培养策略研究"这个课题，随即，又被我否定了，因为"良好学习习惯"包含的范围、研究的视域太大。而微型课题大致有六个品质：微小、成型、应时、正向、可行、深度。这样想，"培养学生注意的稳定性策略研究"才浮出水面。"稳定的注意"正是三（9）班孩子特别缺乏的机能和习惯，有了稳定的注意，才能保证学习活动的正常和高效进行。这个课题角度小，可行性、针对性、实效性强，符合微型课题的特点，能解决三（9）班的当务之急；另一方面，这个问题非本班的课堂里才有，我的研究对其他老师、其他课堂也有一定的启示意义。

在"培养学生注意的稳定性策略研究"这个微型课题的研究过程中，我遇到了新的问题：同学们都在进步，班上的小煌同学却依然我行我素，任课老师对他直摇头。小煌高高壮壮的个子、桀骜不驯的眼神，不像刚进入三年级的儿童，倒像是六年级的问题少年。

"为什么他对老师这样不友好？""为什么老师走不进他的心里？"遭遇的困惑使我理性思辨：人之初，性本善，孩子身上的问题，折射出教育存在的缺失，我决定围绕小煌进行个体研究，确定了以下微型课题研究："缩短师生心理距离策略研究"、"班主任工作中师生对话的有效性研究"。不能让一个孩子掉队！

实践的现场，遭遇的困惑，都可以牵出有研究价值的微型课题。它最适宜生成于这些现场中的某一个（些）细节处，生成在这些问题或困惑中的某一个（些）沸点上。一个转瞬即逝的细节，一句无意或有心的话语，一场别开生面的对话，一幕淡而有味的情景，都可以牵出一个韵味无穷的微型课题。发现和转化，是微型课题生成的过程。

（二）微型课题怎样开展研究

微型课题的研究方法有许多，如调查法、文献法、实验法、访谈法、沙龙法、观察法，等等。

围绕"培养学生注意的稳定性策略研究"这个微型课题，我是这样进行研究的。

调查法。为了达到设想的目的，制订某一计划，比较全面地收集研究对象某一方面情况的各种材料，并作出分析、综合，得到某一结论的研究方法，就是调查法。

我和这个班级以往的和现在的任课老师沟通，向他们了解情况，通过调查，我发现：这个班孩子上课注意力不稳定不是因学科而异的，必须要让各学科联动才更有效。

没有调查就没有发言权，通过调查，我全面、准确地把握了三（9）班的情况，为确定科学的研究策略打好了基础。

文献法。搜集和分析研究各种现存的有关文献资料，从中选取信息，从而达到调查研究的目的。它是研究行动的理论支撑和指导。时蓉华的《中小学教育心理学》一书中有关肌肉紧张的论述给了我灵感，让我由此在策略的选择上受到启发，如保持一定的紧张感是培养学生注意稳定性的条件。行动取得了明显的效果，获得了启迪。

实验法。有目的地控制一定的条件或创设一定的情境，以引起学生的某些心理活动来进行研究。在活动中，我创造的条件和情境使学生的内心世界、学习兴趣、注意指向发生了变化。这样的策略尝试，使三（9）班学生注意的稳定性有了明显增强，几十双眼睛大多能集中到应该注意的地方，课堂效率大大提高。当然，我深知：只有养成聚精会神的习惯，注意的稳定性才能得到保证。为养成这一习惯，我以"不漏过一个开小差的学生"为标准，及时提醒，及时鼓励，协调各方面的教育力量，积极培养学生的注意力。

而针对小煌的情况，围绕"缩短师生心理距离策略研究"、"班主任工作中师生对话的有效性研究"，我采用了访谈法、沙龙法、观察法等策略。

访谈法。通过对学生、家长的访谈，了解小煌身上存在问题的原因；通过对小煌本人的访谈，了解了他的心理，并及时给予疏导，产生了明显的效果。小煌的变化引起了我的思考：教师不恰当的对话方式，其结果不是让小煌接纳，而是引起了小煌心理上对老师话语的排斥，拉开了师生间的心理距离，他拒绝参与对话，教育教学效果怎么可能理想呢！

沙龙法。我召集了以前的任课老师及现在的任课老师开展小型沙龙活动，针对小煌的情况进行交流会诊，进一步了解情况，寻找更多、更有效的策略。老师们的意见给了我启发。在以后的日子里，我迅速调整策略，从他获得成功后惊喜的表情，我知道，他的尊严被唤醒，他在重新认识自己，也在重新认识师生关系。课后，我不时地给他写"优点单"，强化他的每一处闪光点，每一个进步……渐渐地，小煌的朋友越来越多，他注意力集中的时间越来越长。

我心里温暖极了！沙龙会诊的尝试获得了成功。沙龙活动中大家你一言我一语，便于打开研究思路，寻找更多良方。通过沙龙活动，围绕我的微型课题研究，我得到了两个启发。

启发一：教师只有迫切的求好之心是不够的，只有能走进学生内心世界的人，才能触动他们的心弦，才能缩短师生间的心理距离，形成师生间的心理融合。

启发二：对话常常首先不是对"话"的内容的接受，而是对对话者的接受。教师只有赢得"话语信用"，才有可能走进学生心灵深处，"话语信用"是决定对话成败的关键。

观察法。在自然条件下，有目的、有计划地观察、研究被观察者的表情、动作、语言、行为、心理。在对小煌有目的、有计划的观察研究中，我发现他缺乏自信的内心世界，于是及时鼓励、引导，取得了可喜的教育效果，并在研究中受到启迪。

"小煌进步了！"所有的任课老师都这样感叹，连小煌的邻居也啧啧赞叹，小煌的父母更是激动得热泪盈眶。三（9）班的面貌发生了巨大变化，各种荣誉接踵而来，老师们也都特别喜欢上我们班的课了。我把这几个微型课题的研究成果撰写成论文，分别发表在《河北教育》《吉林教育》等杂志上……

总之，"微型课题"是教师为解决一个具体的、较为微观的现实问题而建构和确立的具体而微的研究课题。简单、自由，不一定需要教育或学校行政以及科研机构的认定，倡导自主、自立、自为、自用。它服务于教育实践者的日常工作，但又在实践的反思、经验的积累中养成理性智慧，以此指导和改进研究者将来的工作。

（江苏省南通市教育科学研究中心　董一红）

好的文字必定由好的阅历、好的智慧凝聚而成，作为新班主任，目前，你可能还缺乏这样的阅历和智慧，需要在今后的岁月中慢慢丰富，渐渐充盈。但只要你做有心人，只要你"用心做教育"，那么，你也会拥有这样的阅历和智慧，也会写出如此好的文字。

当然，不能把研究等同于写作。我们常讲三句话："问题即课题，行动即研究，结果即成果。"很显然，要善于把问题转化为"课题"，在行动中进行真正"属己"的研究。谁较早地参与了课题的研究，谁就占得和拥有了专业发展的先机。

除了上述研究模式，我还提倡新班主任或年轻班主任跟着"智者"去"突围"。年轻班主任还很难独当一面，主持、开展规划课题研究，但我们无妨跟随前辈长者或者名师大家，协助他们完成部分研究任务，在这一过程中，你一定会享受到"立人者立己，达人者达己"的快乐与幸福。（江苏省南通市教育科学研究中心　冯卫东）

（特约编辑　冯卫东　江苏省南通市教育科学研究中心）

（策划　王皓　班主任之友杂志社）

后 记

在现代城市，车多，人多，假若没有实行驾照制度，将会有什么后果？

做班主任至少跟开车同样重要，缺乏能力后果同样也很严重，不仅班主任会受伤、受累且班还没有带好，出现严重挫折感，还会让一个班的学生跟你一起受罪。

可现实是，当班主任是没有拿"班照"制度的。

"做班主任的感觉，不去亲历，是永远无法说清楚的。当时的我，完全没有做班主任的意识。在此之前，我从未接触过有关班主任工作的知识，可以说完全不具备上岗资格。但工作已经安排了，不管会与不会，我都将拥有一个班，去做它的班主任。""最令人困惑的是：我该如何去面对那四五十张仅比我年轻几岁的面孔？我该怎么开始我的第一次讲话？我感觉昨天还是坐在下面的学生，而今天，包括以后的很长一段岁月，我都将站在那张讲台前，以一种新的身份出现在教室里。"这是南京市班主任陈宇表达刚当班主任时的困惑。

青年班主任一定要拿到"班照"，不论是为了班上的学生，还是为了自己。

《做一个老练的新班主任》是一本特别为青年班主任准备的拿"班照"的导航手册，探讨青年班主任如何少犯错误，走正道，一开始就专业地做班主任。涉及的主题有怎样才能顺利接好一个新班、怎样排座位才能大家都满意、怎样安排卫生值日最合理、怎样制定班规最有效、好的班干部是怎样炼成的、良好的班风从哪里来、怎样沟通效果才好、第一次班级讲话怎样才能成功等。

这本书是以《班主任之友》专刊《新班主任工作手册》为基础，经过补充新的案例和内容，重新编辑而成。因此，这本书能够出版，是许多朋友共同努力的结果。

感谢为专刊撰稿的优秀班主任和理论工作者，这本书中不少地方闪耀着他们智慧的光芒。感谢专刊的特约撰稿作者——苏林、王莉、李宏亮、郑英、田冰冰、陈宇、冯卫东等老师，感谢专刊的总策划汪媛老师，感谢专刊各版块的策划编辑——王皓、向凌云、胡瑾、陈雪娇、刘祖光等老师，没有他们的劳动，就没有这本书；感谢胡瑾老师在编辑书稿过程中付出的劳动；感谢张万珠先生的创意——根据图书特点做出重新编排。感谢中国人民大学出版社张菲娜等老师的艰苦劳动，使这本书能顺利出版。

熊华生

2014 年 12 月

责任编辑　张万珠

装帧设计　许　扬

责任印制　梁燕青

图书在版编目（CIP）数据

做一个老练的新班主任/熊华生主编. —北京：中国人民大学
出版社，2014.12
（班主任之友丛书/陈秋中主编）
ISBN 978 - 7 - 300 - 20512 - 0

Ⅰ.①做… Ⅱ.①熊… Ⅲ.①班主任工作
Ⅳ.①G451.6

中国版本图书馆CIP数据核字（2015）第000622号

做一个老练的新班主任
主　编　熊华生
Zuo Yi Ge Laolian de Xin Banzhuren

出版发行　中国人民大学出版社
社　　址　北京中关村大街31号　　　　　　　邮政编码　100080
电　　话　010－62511242（总编室）　　　　010－62511770（质管部）
　　　　　010－82501766（邮购部）　　　　010－62514148（门市部）
　　　　　010－62515195（发行公司）　　　010－62515275（盗版举报）
网　　址　http://www.crup.com.cn
经　　销　新华书店
印　　刷　北京华宇信诺印刷有限公司
开　　本　720 mm × 1000 mm　1/16　　　　版　次　2015年1月第1版
印　　张　15.5 插页1　　　　　　　　　　印　次　2024年9月第41次印刷
字　　数　220 000　　　　　　　　　　　　定　价　49.80元